江西中医药大学中医药高等教育学科人才培养之教师发展系列

教学标兵成长之路

叶耀辉　　肖笑飞　　胡海生　主编

全国百佳图书出版单位

中国中医药出版社

·北　京·

图书在版编目（CIP）数据

教学标兵成长之路 / 叶耀辉，肖笑飞，胡海生主编 .
北京：中国中医药出版社，2025.6. -- （江西中医药大
学中医药高等教育学科人才培养之教师发展系列）.
ISBN 978 - 7 - 5132 - 9569 - 7

Ⅰ . G424. 21
中国国家版本馆 CIP 数据核字第 2025LU2137 号

中国中医药出版社出版

北京经济技术开发区科创十三街 31 号院二区 8 号楼
邮政编码　100176
传真　010 - 64405721
河北盛世彩捷印刷有限公司印刷
各地新华书店经销

开本 710 × 1000　1/16　印张 15　字数 205 千字
2025 年 6 月第 1 版　2025 年 6 月第 1 次印刷
书号　ISBN 978 - 7 - 5132 - 9569 - 7

定价　65. 00 元
网址　www. cptcm. com

服 务 热 线　010 - 64405510
购 书 热 线　010 - 89535836
维 权 打 假　010 - 64405753

微信服务号　**zgzyycbs**
微商城网址　**https://kdt. im/LIdUGr**
官 方 微 博　**http://e. weibo. com/cptcm**
天猫旗舰店网址　**https://zgzyycbs. tmall. com**

如有印装质量问题请与本社出版部联系（010 - 64405510）

《教学标兵成长之路》编委会

主　编　叶耀辉　肖笑飞　胡海生

副主编　余　静　胡伟菊　王　力　严亮华　黄丽娟

编　委（以姓氏笔画为序）

王　莹　王业鸿　王永军　艾国平　刘　雅

杨建梅　吴寒斌　况　君　陈　乔　周燕玲

郑先平　钟双喜　钟袁源　姚凤云　袁　坤

涂雪峰　章　莹　程　昊　程虹毓　曾秋霞

　　为激励教师将更多精力与时间倾注于教育教学事业，充分焕发教师的教学热忱与创新能力，并引导学校管理及教师观念从偏重科研忽视教学向凸显教学核心地位转型，从追求数量轻视质量向强化课堂教学规范性转变，积极构建崇尚教学质量的校园文化，江西中医药大学自2007年起推行了教学标兵遴选工程。该工程秉承"质量乃高等教育之生命线"的理念，定期（每两年一届）举办，采取"三定一赛"模式，即制定比赛规则与标准，设立百万元教学奖励基金，并确立职称评定优惠政策。工程实施流程涵盖"选""评""赛"三大环节：先是遴选班级杰出教师作为教学标兵候选对象，继而评审其教学方案设计、教案、多媒体课件等课前准备材料，最终通过现场课堂教学"预决赛"定胜负。经过严格筛选，从数百名班级优秀教师中脱颖而出的仅10位荣获年度"教学标兵"殊荣。至今，该工程已成功举办九届，吸引逾千名教师参与，共有77人次、49名教师入选，成效显著，在全省乃至全国高校中起到了引领与示范作用。目前，《教学标兵成长之路》编委会收集了23位已获教学标兵荣誉的教师的成长故事，通过深度描绘这一群体的成长轨迹，剖析其卓越品质，旨在为青年教师树立典范，营造卓越教学的良好氛围，激励教师探索教学新路径，提升整体教育教学质量。

　　江西中医药大学中医药高等教育学办公室组编会通过收集教学标兵

的学生评价、颁奖词、个人简介及代表性成果等资料，整理汇编其成长历程，广泛宣传教学标兵事迹，努力营造学习教学标兵的浓厚氛围，为培养和造就一大批新时期的"教学名师""大先生"创造良好环境。我们坚信，研究和学习历届教学标兵的成长历程与教育理念，传承和发扬他们的教学精神，必将有助于开创当代教育教学人才与名师典范的新局面。

江西中医药大学中医药高等教育学办公室组编会

2025 年 2 月

目 录

学生眼中的王力老师：经师易得，人师难求。真正的好老师不仅仅是传授知识，更包括必要的鼓励、得体的批评、温柔的安慰和有效的敦促。得遇良师，何其有幸。本科学习阶段，我有幸结识了王力老师，他是一位亲切自然、博学智慧的人生导师。他既是与学生同频共振的知心朋友，也是气场全开、不怒自威的金牌严师，更是专业能力与教学情怀并驾齐驱的男神老师。他的言传身教深深地感染了我，在我心中，他便是教学标兵的完美诠释。无论学生何时反馈，他总是不厌其烦、一丝不苟地耐心解答，其严谨细致的学者风范令我钦佩。他不仅为我们搭建了支撑未来的知识阶梯，更赋予了我们面对挫折的人生态度。我贫瘠的语言无法完全描述老师深厚的积淀，但每年教师节他所收获的诚挚祝愿，无疑是对一位真正好老师最好的慰藉。

——2018 级市场营销中外合作 1 班　万雯

颁奖词：他的课堂妙语连珠，精彩纷呈，为学生打开了智慧的大门；他的点拨精辟独到，才思敏捷，为学生点亮了心灵的明灯。在教坛耕耘二十余载，他始终怀揣赤诚之心，无悔守护每一朵花朵。他以不懈的努力、辛勤的付出和满腔的热情，赢得了学生们的深深感恩、由衷崇拜与热烈喝彩。他不仅为学生打造了一把幸福的标尺，更用这把标尺丈量着自己生命的宽广与深度。

情感照亮教育的灵魂　心态提升教学的价值

——"教学标兵"王力老师的成长之路

教师的职业生涯漫长而复杂，面对环境的不断变化，需要持续优化和重构自身的职业能力和专业素养，以实现成长与成熟。尽管外在的客观环境、内在的先天禀赋、教育系统化程度以及个人主观能动性等因素都会影响职业生涯的发展速度，但教师的职业发展本质上是一个循序渐进的过程，不可能一蹴而就，更难以实现跨越式发展。对于高校教师而言，职业发展的外显表现通常是职称的晋升，如助教、讲师、副教授、教授的梯度上升；而其内隐表现则更多体现在教育理念、教学方式、课程建设、专业建设、科学研究、团队建设等具体路径上。每个阶段都需要明确主要任务，打好基础，才能为自身的职业发展创造更大的空间和价值。

一、成长历程

时光荏苒，岁月如梭。提笔之际，仿佛又回到了二十年前的青葱岁月，回忆中既有美好，也有辛酸，五味杂陈，涌上心头。然而，在接下来的叙述中，我将尽量摒弃复杂的情绪，以相对客观理性的视角、教育教学的态度以及职业发展的视角，分享个人在教学中的成长历程，以期对青年教师有所启发，希望他们青出于蓝而胜于蓝。

1. 夯实基本功，讲好一堂课

2003 年 7 月，作为一名刚刚毕业的大学生，我来到江西中医药大学工作。出于对教师职业的敬仰，我在心底默默立下了一个约定——"努力做最好的自己"。我自知天资并不聪颖，因此坚信勤能补拙，选择笨鸟先飞，凡事都投入 200% 的努力。7 月入职，9 月便要站上讲台，时间紧迫，心情紧张。一方面，我主动向前辈请教，到他们的课堂中听课，学习他们的教案和讲稿；另一方面，迅速熟悉人才培养方案、教学大纲和课程教学计划。2003 年 9 月 4 日，我人生中第一次站上讲台，面对的是大学三年级的学生。我深知，讲好第一堂课是作为新教师必须突破的第一个关口，也是树立职业自信的关键。

在入职的前两年，我在课堂上经常遇到讲不下去、讲不清楚、讲不精彩的情况。每次遇到这些问题，我都会认真记录并深入剖析其原因。例如，"讲不下去"通常表现为内容不熟练、思路不流畅、过于依赖备课逻辑，其根本原因在于备课不充分，未能达到脱稿讲授的水平，没有充分消化和理解教学内容，并将其内化为自己的教学语言和思路；"讲不清楚"主要表现为思路不清晰、重点不突出、难点未讲透、教学目标达成度不高，原因在于未能从学生学习的角度遵循教学逻辑设计课堂，也未规范、灵活地运用各种教学方法；"讲不精彩"则常常表现为无法调动学生的学习积极性，课堂互动不足、缺乏激情，主要原因在于尚未能很好地处理课堂教学的科学性与艺术性的融合，未能充分挖掘课程内容所蕴含的思维、情感、态度和价值观等。因此，我认为，教师在职业生涯的初期，至少要用 3 到 5 年的时间"夯实基本功，讲好一堂课"，这也成为我职业初期发展的重点。我坚持通过"备课程、备教材、备学生"的"三备"工作，深入了解教学对象的知识技能、学习兴趣和生活习惯等，苦练"说、写、仪、演"四项基本技能。其中，"说"指的是教学语言的组织与运用能力；"写"是指教案讲稿的撰写、板书和多媒体课件的设计能力；"仪"则注重服饰仪表、教学姿态以及情感态度等；"演"指的是课堂教学的设计与组织实施。这是我当时对教学基本功的理解，并通过勤奋实践不断成长。2006 年，我凭借一节课的教学课件参加了江西省高校第三届优秀多媒体教学课件设计大赛，并获得了三等奖。这虽只是星星之火，但我相信它终将燎原。

2. 提升开发度，建设一门课

作为一名"青椒"，在老教师的传帮带下，通过自身努力和一段时间的磨炼，上好一堂课乃至多堂课并非难事。然而，课程建设是教师的立身之本，每位教师都需要承担一门或几门课程的主讲任务并负责其建设，这也是我当时从事的公共事业管理这一新专业的必然要求。2007年，我校迎接教育部本科教学质量评估，通过对标评估标准并听取专家意见，我产生了一些困惑，例如：如何系统建设课程资源？如何改革课程教学？如何开发新课程？经过深入思考，我发现我所负责的"卫生事业管理学"和"公共关系学"等课程存在教学理念相对陈旧、目标定位不够准确、内容缺乏针对性、前沿性和实效性等问题，教学模式难以满足教学目标的要求，教材、大纲及专业实训室等资源也无法完全支撑课程教学的组织与实施，未能根据时代变化和就业岗位需求及时进行课程改革。此外，精品课程建设、教材出版、教学竞赛等标志性成果也较为匮乏。究其根源，一方面在于我的教学基本功不够扎实，未能在讲好每一堂课的过程中逐步把握课程的整体教学设计；另一方面在于我也未能驾驭课程基本要件、教材、实训和教师团队的综合建设工作，缺乏对课程建设方法的关注与掌握。因此，我意识到，课程建设与开发能力的提升是这一阶段职业发展的重点。为此，我不断夯实课程理论修养，深入学习课程设计、决策、实施与评估的基础知识，并积极学习先进的教育教学理论。自2008年起，我持续投入时间和精力参加各类学习培训，包括第一届高校管理学师资培训班（2008年）、江西省高校哲学社会科学教学科研骨干研修班（2010年）、学校在北京师范大学举办的首期教育教学高级研修班（2011年），并连续两年参加教育部网络课程培训。这些系统的学习让我受益匪浅，使我更加关注学生学习能力的培养，积极思考教育教学改革背后的教育价值取向变化趋势及其理论基础，从而及时更新教育理念，不断深化对课程教学"知识、能力、价值"三维目标的理解，并将先进理念融入专业培养方案修订、课程教学大纲制定、教学组织实施及教材修编、教学实训室开发建设等具体工作中。课程建设强调整体性，我有意识地增强了对教学需求与教学效果的敏锐观察力，准确把握教师、学生、教学管理及用人单位对课程教学的需求、理解与期望，并从职业胜任力的角度申报了省级教改课题。通过教学研究与实践，我及时优化调整教学目标、内容与模式，甚至根据实际需求重新设计开发新课程。

在课程建设的过程中，我一边向我校优秀教师学习授课技能，如辛增平、齐南、艾国平等老师，一边积极寻求机会展示课程建设和教学成果。2009年，我负责的"公共关系学"课程荣获学校教学方案设计书撰写与评比三等奖；2010年，又在学校青年教师教学比赛中获得二等奖。这些课程建设的经验积累和比赛的锻炼，为我向"教学标兵"冲刺奠定了坚实基础，让我信心倍增。

3. 形成引领力，负责一个专业

2011年，一切水到渠成。当我成功获得学校第三届"教学标兵"称号时，内心出乎意料的平静。站在颁奖台上，手捧沉甸甸的奖杯，我深知这是大家对我教学工作的肯定。我告诉自己，成为"教学标兵"后，不应局限于一门或一类课程，而应站在专业层面，以带头人或骨干的姿态，负责并指导课程与专业建设的发展。到2015年，我连续三届获得"教学标兵"称号，并于2014年和2015年两次参加江西省高校教学竞赛，均获得二等奖。

然而，此时我所在的专业也面临负责人接续、人员结构调整、专业特色凝练等一系列问题。通过请教老领导和老教授，我开始梳理自身角色转变中的不足，如未能全面掌握专业技术领域和教育领域的前沿动态与发展趋势，对专业教学质量标准的理解不够透彻，对培养对象未来岗位需求的认识不够充分，缺乏统筹专业教学各方协同的经验，以及在实施前瞻性建设以保持专业建设领先水平方面的意识不强等。因此，形成专业建设与发展的引领能力，成为我这一阶段职业发展的重点。

在我的职业生涯中，两位重要引路人——陈和利教授与王素珍教授，给予了我无微不至的教导、扶持与帮助。他们引导我把握学科发展趋势，确保本专业的前沿性、竞争力和市场契合度，强调专业负责人必须具备较高的教育理论水平和教学能力，能够从教育层面审视专业建设，把握人才培养方向，确保专业教育的领先地位，并具备教学管理能力，注重团队建设。

4. 打造领导力，凝聚一个团队

自 2016 年起，由于主客观因素的影响，我逐渐减少了直接参与教学竞赛活动，将工作重心转向精品课程建设、教学成果凝练以及教学团队打造。在此期间，我主持了 4 项省级教学质量工程项目和 4 项省级教育教学改革项目，获 2 项省级教学成果奖和 4 项校级教学成果奖，并组建了案例教学本土化研究与实践团队，出版了一部教学论著。2019 年，我被学校授予江西中医药大学"教学名师"称号；2020 年，又被省教育厅授予江西普通本科高校"金牌教师"称号。这些成就让我感到既幸运又欣慰。然而，成为"教学名师"和"金牌教师"后，工作任务更加繁重，专业建设发展和成果培育等多项目标难以仅凭个人能力实现最优，必须依靠团队合作来提升工作绩效和竞争力。同时，作为个人，我理应转变角色，更好地发挥指导帮带青年教师的作用，以课程或专业建设、教育教学课题或成果培育等任务为牵引，外在建立具有共同愿景、合作精神和协同创新的教学群体，内在建立合作共享文化中的学习共同体，促进沟通交流，使老师们因愿景而共事，因任务而合作，因学习而成长，因提高而快乐，增强归属感和安全感，使教师在同伴支持和资深教师的传帮带中实现职业发展。无论是作为教研室负责人、专业负责人，还是教学院长，我力争从以下几个方面发挥作用：一是把握学科前沿发展趋势、专业建设基本规律及团队成员能力优势，引领创新、把握方向，前瞻性地确定发展目标和策略，通过"做正确的事"提升影响力。例如，自 2017 年起，我意识到课程思政将成为未来高等教育改革的重要任务，因此积极发动教师申报相关课题和课程，抢占先机，团队共获得 4 项省级教改项目和 6 门示范课程。二是在建设任务目标指引下果断决策，脚踏实地、稳步推进，通过"正确地做事"来提升自身特色。例如，我们注重方法学的运用，开展案例教学法融入课程思政建设的研究，形成了讲授说明式、时事追踪式、专题看板式、项目策划式等较为成熟的案例教学特色。三是促进团队可持续发展，加大团队成员攻读博士学位和国内外访学进修的力度，日常工作中注重有效沟通，平衡利益，通过擘画愿景，吸引和影响不同性格、不同能力、不同诉求的团队成员，从而提升团队凝聚力。

二、心路历程

教学是"教"与"学"的紧密配合，是"教师"与"学生"相互成就的过程。教师的教学活动从不是孤立存在的，所有的教学理念、设计和技术均需以人为载体，且始终以学生为中心。倘若脱离学生空谈教学，脱离课后生活空论课堂，或是脱离现实生活空讲工作，都将使我们的教育事业失去灵魂，变得冰冷无情。因此，接下来我将以一种相对感性的视角，分享在与学生的相处中，共同成长的点滴体会。

1. 奋楫笃行，征途漫漫唯有努力

教育家魏书生曾言："教师，仅是众多职业之一，并未如众人颂扬的那般伟大崇高。身为教师，恪尽职守，做好本职工作，乃是我们的天职。"而我，亦将这一尽职尽责的精神，视为自己为人与为师的真实体现。一个人的成功，绝非一朝一夕之功；一个人的强大，亦非天生使然。每个人皆需在生活的磨砺中砥砺前行，奋发图强，不懈奋斗，因为真正的实力源自不懈的努力。

当学生面临挫折，乃至心灰意冷之时，我总能设身处地，思考如何助其一臂之力，哪怕只是微光一闪、一抹微笑、一份鼓舞。在我看来，每位学生皆独一无二，他们全力以赴所赢得的未来，足以匹配世间一切美好。

忆起备考研究生时的 W 同学，我曾注意到她备考期间常显状态不佳，神思恍惚。诚然，备考之路需要的是细水长流的毅力与持之以恒的决心，

加之保持身心健康的平衡状态。W同学平素乖巧聪慧，学习能力强，性格开朗。然而，经历数个紧张的备考月后，她的状态难免有所起伏。在了解了她的基本情况后，我结合自身的经历，给予了她诸多建议：肯定其优点，鼓励她树立自信；深入浅出地指出问题所在，寄予厚望。最终，W同学稳定发挥，取得了优异的成绩，令人欣慰。作为教师，我们不应轻易放弃任何一位迷茫的学生，而应竭尽全力，赋予他们前行的勇气。这份尽职尽责，正是我为人为师的不懈追求。

2. 静水流深，踏实努力造就实力

古人有云："亲其师，方能信其道。"一位教师唯有处处以身作则，时刻为人师表，成为学生的楷模，方能胜任教书育人的重任。在勇于承担起培养人才的使命之前，教师自身必须先成为一个值得尊敬与效仿的典范。"在敢于担当培养一个人的任务以前，自己就必须造就一个人，成为无可挑剔的模范。"在我心中，教师这一职业无比崇高，他们致力于教育引导、塑造灵魂的伟大事业，必须具备崇高的道德情操与渊博的知识，以此促进学生的全面发展。在将知识与为人之道融合传授给学生之前，教师首先需做到以身作则、严于律己。

教育教学中，师德之基在于教师的人格，师德的魅力亦主要展现于其人格特质。历代教育家所倡导的为人师表、以身作则、循循善诱等，既是师德的基本准则，也是教师优良人格与品格的生动体现。

在课堂上，我视每一个学生为平等且独立的个体，采用独特的方式与他们平等对话，共话成长、抉择与为人之道。我常提醒学生，做事踏实，方能避免浮夸，行动有力，此乃"实力"之真谛。"让我们继续坚定地走好脚下的路，无论外界有多少喧嚣与干扰，只要内心足够专注，终能抵达理想的彼岸。"

2007届学生C，毕业后初在上海从事仓库管理，因企业规模有限、收入微薄加之环境不适，一度陷入迷茫。在他最艰难之时，我亲赴上海，为其进行心理疏导，并助其回归家乡赣州，重新规划职业生涯。八年后，C

已成为赣州一家大型国企的总经理，继而担任某投资基金管理公司总经理。C常言，其人生转折点皆因我的倾听、陪伴与引导，至今，他在工作与生活中的每一点收获、每一次决策、每一项规划，都乐于与我分享交流，正所谓"至亲至善至知己，亦师亦友亦比邻"。

3. 不忘初心，始终保有开拓向前进的活力

什么才是一个人最佳的状态？有人安于现状，乐于精心经营自己的小天地；有人则追求变革，勇于投身新事物的浪潮。前者固然有其可贵之处，但深思之下，后者那份持续不断的前进动力更显难能可贵。在时代瞬息万变的今天，为避免被淘汰，我们必须主动学习新知，不断充实自己，保持旺盛的动力与期待，以积极进取的乐观态度去拥抱生活。课余之时，我最大的嗜好便是在广阔的足球场上尽情挥洒汗水。我常言，若无法将爱好转化为职业，那就让爱好与生活、工作和谐共生，相互促进。人生的精彩不在于始终握住好球，而在于无论面对何种球，都能踢出绚烂的风采。碧绿的操场上，每一滴汗水都见证了不懈的努力，足球承载着坚定的梦想，奔跑的身影闪耀着快乐的光芒，专注的眼神则凝聚着无畏的勇气。我也时常勉励学生走出宿舍，积极参与体育锻炼，塑造强健的体魄，培育崇高的精神境界。

4. 不啬微芒，学生的信赖就是最强的动力

20年来，我扎根讲台，潜心钻研，始终不渝地践行着"师道"精神。当被问及如此努力工作的动力源泉时，我回答，每逢教师节，众多学生送来的鲜花、贺卡及温馨的问候，尤其是那一句句质朴的"老师，教师节快乐"和"力哥，节日好"，便是对我最大的鼓舞。我所负责的公共事业管理专业，作为江西省的特色专业，每年为社会精心培育并输送约50名卫生管理领域的专业人才。

我与团队坚持每年、针对每一届学生，通过新生见面会、专业交流会、主题班会、寝室走访及谈心谈话等多种途径，不厌其烦地向他们强调大学期间努力学习的重要性，并邀请专家、校友为他们分享诸多行之有效

的学习方法。近年来，该专业学生中，每年均有 10 余人成功考入复旦大学、武汉大学、南京大学、香港大学及南方医科大学等国内知名高校深造。他们毕业后活跃于医药卫生管理的各个角落，为我国卫生健康事业的蓬勃发展积极贡献力量。

在我担任班主任的 2017 级公管 2 班毕业之际，同学们赠予了我诸多"表白"语录，其中"优雅""温柔""体贴""亲切""幽默"等词汇尤为频繁出现。与同学们相处，我自觉心态愈发年轻，他们的知性、幽默与智慧深深触动着我，我们彼此敞开心扉，进行着贴心的交流。我热爱我的职业，珍视我的学生，同时也满怀对生活的热情。我愿意秉持春风化雨、润物无声的育人理念，滋养每一位学生的心田。

三、感悟收获

2015 年，当我第三次登上"教学标兵"领奖台时，我言道：教书育人，既是一门技术活，更是一份良心活。我秉持的信念是："以朴素情感点亮教育的灵魂，以卓越心态提升教学的价值。"这二十年间，我始终坚守着这份执着。我常常思索，教师究竟凭借何物影响学生的健康成长？是正直？道德？还是博学？或许每个人心中各有见解，但我深信，最为关键的是情怀——那份在积极生命活力中流露的情愫与良知。

课堂，永远是彰显教师尊严的圣地，教学则是教师最根本的职责所在。从单一的一堂课，延伸至一门课程，乃至整个专业领域，我个人经历了从教书到教学，再到教育的深刻转变。初入职场，我仅是学科领域的一名学习者，侧重于掌握专业知识与技能，停留于"教书"的层面；随着工作的深入，我开始探究这些知识与技能背后的思维方式与行为模式，并致力于以科学方法传授给学生，即关注"教学"，聚焦于学习机制、学习能力的培养以及学习思维的塑造等方面。理念的不断升华使我意识到，教学的至高境界远不止于此，我们最终应着眼于教育本身，关注潜藏于学科思维与行为方式中的情感态度与价值观，并将自身的道德情操、人格魅力与课程价值观无缝融合，如春雨般"润物细无声"，悄然融入教学情境中，从而实现言教与身教的和谐统一。

我国著名教育家叶澜曾指出："教师在学生面前展现的是其完整的人格，而非仅仅局限于专业知识。"加拿大教育学家马克思·范梅南亦提出："教师即其所教授的知识之化身。一位数学老师，并非偶然教授数学之人。真正的数学老师，是数学精神的体现者，生活在数学之中，从某种深刻意义上讲，他便是数学本身。"这昭示着一种全新的课程观：教师即课程。当教师在长期的教学实践中，逐渐从教书、教学迈向教育，自觉将个人教育理念、学科专业素养、品德人格与课程的三维教学目标相融合，便达成了这一课程观，实现了从课程的基本传递者向课程的研究者、创造者与重构者的华丽转身，从而由一名教书匠蜕变为有思想的教育大家。

四、结语寄望

我无法确切评估自己的成长经历对青年教师成长能带来多大的启示，更不敢在杰出的前辈与学校众多优秀教师面前妄自尊大。但我坚信，教师的职业发展遵循着一定的规律和路径，每个阶段都需扎扎实实地完成工作，夯实基础，为迎接下一个阶段的到来做好准备。当然，这一过程是贯穿终身的，每当取得一定的进步，发展的舞台便会随之拓宽，要求我们带领团队、管理学科、培育成果、传承文化。与此同时，肩上的责任也日益加重。当你获得"标兵""名师"等荣誉时，便不能仅仅着眼于个人，而应切实承担起课程建设者、教学研究者、团队领导者的角色，更加关注全局、履行职责，更多地参与到学校的建设与发展中，回馈给予自己广阔舞台的学校与行业。高校教师，从来都不应仅仅是教学科研的参与者或追随者，而应遵循规律，脚踏实地，力求成为引领者、行动者、领导者。唯有真正认清自身的角色定位，通过理想信念、知识、能力、情感等要素的相互作用，实现自我管理、影响他人，并致力于教育教学目标的达成，才能真正推动自身、学生、课程、专业、团队乃至学校的共同发展，进而实现师生共同成长、教师职业发展以及教育价值提升的目标。

王力简介：教授，硕士研究生导师，兼任高级健康管理师及经济与管理学院副院长，同时担任公共事业管理专业负责人。获江西省高校"金牌教师"称号，亦是江西中医药大学"教学名师"，并连续三届（第三、第四、第五届）被评为该校"教学标兵"。此外，他还担任中国高等教育学会公共关系专业委员会理事、中国医药教育协会数字教育委员会委员，是江西省基本医疗、工伤及生育保险经办管理专家，亦入选江西省药品监督管理局"两品一械"科技专家库，并获南昌市湾里区"百名先锋"人才称号。在学术成果方面，他荣获省级教学成果及竞赛奖共计5项，主持省级教学质量工程项目4项，参与国家级课题5项，独立完成省部级科研项目8项，出版论著2部，主编或副主编教材12部，发表专业论文50余篇。

王力代表性成果

1. 江西省高校第三届优秀多媒体教学课件三等奖，2006年。

2. 江西中医学院第三届教学标兵，2011年。

3. 江西中医药大学第四届教学标兵，2013年。

4. 首届江西省高校青年教师教学比赛二等奖，2014年。

5. 江西中医药大学第五届教学标兵，2015年。

6. 全省高校公共安全教育骨干教师教学能力展示活动二等奖，2015年。

7. 江西省第十五批高校省级教学成果奖一等奖，2017年。

8. 湾里区"百名先锋"人才，2018年。

9. 江西中医药大学"教学名师"，2019年。

10. 首届江西普通本科高校金牌教师，2020年。

11. "公共关系学"获批江西高校"课程思政"示范课程，2020年。

学生眼中的王业鸿老师：我时常会想，一位好老师究竟该是何模样？她定当拥有幽默风趣的语言、循循善诱的教学方法以及过硬的专业技能，而这一切，在王业鸿老师身上体现得淋漓尽致。王老师性格极为温柔，在教学中擅长激发我们的思考，总以最柔和的语调给予我们鼓励。她还能巧妙地将枯燥的知识以幽默的方式呈现，因此，班上的同学在王老师的课堂上总是热情高涨，学习起她的课程来也倍感轻松。在我的学生时代，能遇见如此卓越的老师，实乃莫大的幸运！

——2019 级保险 1 班　曹诗羽

颁奖词：有一首诗，最为动人，那便是师德；有一种人生，最为美丽，那便是教师；有一种风景，最为亮丽，那便是师魂；有一种平台，最为神圣，那便是三尺讲台。"衣带渐宽终不悔，为伊消得人憔悴"，这神圣的"伊"，正是伟大的教育事业，以及他深爱的学生们！她以幽默风趣、温柔细腻著称，博采众长，技艺精湛，为学子们带来美的享受，赢得他们热烈的喝彩。

用心行走在教育路上

——"教学标兵"王业鸿老师的成长之路

有幸受邀撰写一篇探讨个人成长的文章，面对此重任，我初感为难。一来，身为仅具九年教龄的青年教师，我自觉成长之路犹在蹒跚学步阶段，对于教学的深邃奥秘，我仍在孜孜不倦地求索；二来，我深知自己才疏学浅，唯恐所写贻笑大方。经过长时间的权衡与思考，我终是说服了自己，静下心来，细细回顾自执教以来的成长历程。于是，我选定"用心行走在教育路上"作为文章之题，以此自勉，不忘初心，矢志于教育之路稳健前行。

一、用爱关怀，用心守护

在我心中，教师始终是一份极其神圣的职业。教育，乃是一门关于爱的艺术，其本质深深根植于爱之中。我致力于用心与学生交流，主动成为他们的朋友。身为专职教师兼班主任，我竭力倾听学生的意见与心声，针对他们在思想、学习及生活上遇到的种种困难，耐心解答，给予正确的教育与引导。我关爱并勉励贫困学生自立自强，密切关注他们的情绪波动与变化。每当学生在实习期间遭遇难题，我都会迅速前往实习单位，与实习单位及学生本人进行深入沟通，以稳定学生情绪，为他们提供切实有效的实习指导，并与实习单位共同商定学生的实习培养计划。

我始终坚信："唯有以真情教育学生，用真心关怀学生，方能赢得学生的尊敬与爱戴，进而实现教书育人的崇高使命。"因此，我多次在学生的评教活动中获"班级优秀教师"的称号。2021年，我有幸收到了一份尤为珍贵的礼物——被 2018 级保险班学生评为"班级最受欢迎教师",并获赠了由学生亲手颁发的荣誉证书。这份奖励虽无物质回报,但其分量之重,却深深地激励着我继续前行,不懈奋斗。

二、坚定信念,教书育人

近几年,我一直担任经济与管理学院教工第三党支部支委,持续强化理论学习,深入钻研党建知识,坚持学思并重,将学习成果转化为解决实际问题的能力及规划工作的新思路。我始终秉持"学习工作相融合"的理念,将所学应用于实践,成效显著。作为教师,我们肩负着立德树人的崇高使命,发挥着"传道、授业、解惑"的重要作用。孔子有云:"其身正,不令而行;其身不正,虽令不从。"这句话时刻鞭策着我,要求我以身作则,凡要求学生做到的,自己必先行之;要求学生遵守的规章制度,自己更要带头执行。我始终致力于向学生传递正能量,利用课间开展"微党课"。坚守党员职责,积极投身党员志愿服务,前往社区、村小学开展社保政策宣讲等活动。因此,我多次获得"党员先锋岗"称号,并被评为江西中医药大学 2018 至 2019 年度"教书育人"先进个人。

在教学实践中,我不断探索"课程思政融入专业课教学"的新模式,力求实现知识传授与思政教育的有机结合,将教学与育人融为一体。例如,在教授"人身保险"课程时,鉴于我国保险行业在粗放经营模式下易产生诚信问题,如销售误导、夸大保障、无理拒赔等,这些现象严重损害了保险行业的形象。在教学中,我虽会选取部分反面案例帮助学生认识问题,但避免过多使用,以免学生接收过多负能量,产生负面影响,同时也忽略了监管机构及保险行业为改善市场状况所作的努力。实际上,中国保险业起步较晚,历经四十年发展,仍存在诸多问题。保险消费者成熟度低、销售人员专业度不足,是国内保险市场的短板,也是其发展中的难题。保险公司运营管理水平需进一步提升,诚信体系建设亦需加强,公众对保险的认知及消费观念也需更加理性和成熟。在案例教学中，频繁使用反面案例，会影响学生对保险业的客观认知，降低其学习热情和兴趣。因此，我坚持以正面案例为主，既让学生掌握保险基本原理，又对其进行积极引导，使其真正认识到保险作为社会化风险管理的良好机制，是社会稳定器和经济助推器，同时学会正确对待保险市场中的不足。

2018年，我荣获江西中医药大学课程思政案例设计大赛二等奖；2019年，又在该校的课程思政征文与说课比赛中斩获二等奖；至2020年，更进一步，赢得江西中医药大学课程思政教学说课比赛一等奖。

三、耐心磨课，感恩帮助

回想初次接到参加教学比赛的通知时，那份"茫然"与"不安"至今仍清晰如昨。恰逢其时，王力老师慷慨相助，将他倾注心血准备的教学方案设计、教案、课件等倾囊相授，还亲自传授参赛经验。彼时，"谢谢"二字何以承载我的深深感激？唯有将感激化作动力，潜心钻研！正当我自觉准备内容尚欠流畅之际，王力老师与张珉老师在百忙之中，见缝插针地为我反复听课、修改、讲解，感激之情难以言表。

独行路上，难免孤独；而同行有志，则倍感幸福。一个优秀的教师团队，需具备良好的合作环境及独特的精神气质，方能最大限度激发教师成员的潜能，促进教学技巧与能力的提升，这对青年教师的成长至关重要。初入校园，面对教学与科研的双重压力，我曾一度茫然无措。是健康保险教研室的伙伴们帮助我度过了这段迷茫时光。在集体备课中，大家共同查找课堂问题，资深教师慷慨分享教学心得，助我分析问题所在。团队成果，人人共享；团队利益，高于个人。成员们的每一次付出，皆源于对团队整体利益的考量与共同目标的追求。因此，在教师团队中，每位成员都自觉贡献自己的力量。同时，团队合作也要求成员各展所长，积极协作，形成最强合力。身边诸多同事的鼎力支持与无私帮助，让我感激不尽，唯有将这份感激转化为实际行动，不断精进自我。

四、用心积累、形成风格

从前，我总认为谈及教学风格是名师的专属，身为一名普通教师，我所能做的仅是竭力让学生接纳我的课程，确保他们在我的课堂上有所得。然而，在与同行们的交流中，我逐渐意识到，教学风格实则是每位教师的独特印记，是教师影响学生的关键途径。其形成往往遵循从模仿到定向，最终到创新的路径。每位教师都拥有各自的教学风格，并无绝对的好坏，唯有是否契合之别。教学风格犹如教师的"个人名片"，全面彰显其风格、特色及教学水平，它透过教师的教学态度、方法、语言、气质等内外因素展现，映射教师的思想深度与教学观念，带有鲜明的个性色彩。

我所追求的教学风格，是朴实平和且贴近生活。学生评价我的教学风格为"易于理解"。我并无能言善辩之才，亦无斐然文采，课堂之中鲜见华丽辞藻，故而显得尤为朴实。在设计教学细节时，我始终围绕如何将复杂概念、原理以简洁语言阐述清晰，助力学生更好地理解问题；面对抽象理论，我亦尽力结合学生实际，援引生活实例或其他学科知识，以朴实无华的语言辅助学生领悟。

在专业教学中，知识点繁多，记忆负担重，不少学生因学习方法不当，导致对知识理解不充分，问题累积，兴趣渐失。如何激发他们的学习兴趣与积极性？作为教师，我们应从学科特性出发，增强授课趣味性，以此点燃学生的学习热情，调动其积极性。

在我的教学过程中，我着重引导学生借助个人生活经验来领悟课本知识，力求使学习不被课本所局限。例如，在讲授"利率的度量方式"这一知识点时，我采用了"校园贷的利率陷阱"作为教学案例。具体步骤如下。

首先，进行"校园贷"问卷调查。利用问卷星生成二维码，通过扫描填写问卷的方式，了解学生对校园贷现象的认知和看法。

其次，展示校园贷恶性典型案例。播放视频案例：一名21岁的大学生郑某，因参与非法赌球，利用同学身份证件骗取校园贷款，最终欠下60多万元巨债。在山东青岛，他因无力偿还债务而选择跳楼自杀，走上了毁灭之路。

接着，分析校园贷的运作模式。通过图片展示学生身边的校园贷实例，解析其运作模式和潜在危害。采用先导式提问，引导学生表达对校园贷的看法，并深入思考这一消费模式。

随后，进行校园贷利息分析。回顾实际利率与名义利率的定义，讲解实际利率的计算方法。以校园贷月息0.99%的月复利为例，转换为年实际利率为12.55%。进一步考虑本金递减、砍头息、咨询费等因素，最终得出年实际利率高达66.96%。

此外，介绍相关法律条文。对与贷款利息相关的法律条文进行阐释，分析国家对校园贷的法律规制，增强学生的法律意识和社会责任感。教导学生在面对威胁时，不应逃避，而应勇于承担，运用法律武器保护自身权益和安全。

最后，进行反思与总结。采用头脑风暴法，融入思政教育目标，引导学生认同并养成良好消费习惯，保持个人信用；树立勤俭节约的传统美德，增强法律意识；在自我提升和创新创业过程中遇到资金问题时，应通过正规银行机构办理贷款。

五、以赛促教、努力提升

现代教学技能不仅要求教师能够完整地传授教学内容，还需在课件制作、课堂设计、师生互动及黑板板书等多个维度展现出强大能力，以进一步吸引学生的注意力。在日常教学活动中，教师们往往难以察觉自身的不足，但借助教学比赛中的交流互鉴、现场观摩、学生反馈以及评委点评与研讨等环节，教师们可以逐步认清并改进自身的短板，从而提升教学能力。教学竞赛无疑成为推动教师进步的重要外部动力。在这样的外力驱动下，教师通过持续不断的学习与提升，能够真正激发出内在的进取积极性。我个人的教学技能，也在教学竞赛的历练中得到了显著提升。

六、教学创新，勇于突破

1. 与时俱进，精心备课 古人云："凡事预则立，不预则废。"备课乃整个教学流程之基石，精心筹备乃确保课堂质量之前提。备课工作涵盖以下要点。

（1）**备教材** 鉴于现代社会知识迭代迅速，教师除需深入钻研现行教材外，亦应在课前广泛搜集资料，诸如不同版本教材、相关教学标准、国家资格考试大纲及本领域最新研究成果，以明晰教学重点与难点，界定知识拓展的范畴。

（2）**备教具** 伴随科技进步，教学工具日新月异，动画、视频、PPT等已成为当代教育的主流工具。每位青年教师均应紧跟时代步伐，迅速掌握现代教育技术，熟练运用各类软件，在教学中精选最适合的教具。此外，还需备学生，鉴于不同专业、年级、班级的学生在知识储备、接受能力及性格特征上存在差异，深入研究学生特点，方能选用更佳的教学方法，提升教学效果。

（3）**备教法** 鉴于不同课程或同一课程的不同章节内容各异，需采用多样化的教学形式呈现。加之授课对象有别，更应因材施教，灵活运用讲授法、讨论法、演示法、任务驱动法等多种教学方法。

2. 满怀激情，用心授课 激情具有感染力，教师的精神状态对学生影响深远。无论今日是否心怀烦恼或身体不适，一旦站上讲台面对学生，便应精神焕发，面带微笑，授课时充满激情，语调抑扬顿挫，将快乐情绪与积极心态传递给学生，从而提升学习效率。用心授课亦需注重交互式教学。教师应以平和语调、生动眼神及肢体动作与学生交流，时刻留意学生反应，如点头或蹙眉等动作均为教学效果的反馈信号。教师的视线应覆盖整个教室，让每位学生均感受到被关注，从而集中注意，认真听讲。

3. 以学生为本，用心反思   教学反思是教学活动不可或缺的环节，也是促进教师专业成长的关键途径，涉及对教学活动的回顾、分析、评价及重建等多个阶段。反思应立足于学生实际掌握情况，既反思教学过程亦反思教学策略。反思可从正反两方面入手，总结本堂课的亮点与不足，优点继续发扬，缺点则需改进。教学反思需在授课结束后即刻进行，以确保思路清晰、全面准确。唯有有效且准确的教学反思，才能推动教学质量螺旋式上升，实现阶梯式进步。

七、调整心态，感恩生活

常怀感恩之心，能使我们笑对工作和生活中的种种挫折与失败，令已有的人生资源更为深厚，心胸也愈发宽广辽远。感恩，乃生活中的大智慧，它能引领我们保持积极、健康、阳光的良好心态。我曾无数次抱怨各级教学竞赛，它们让我心力交瘁，暴露了我的不足。然而，抱怨只会加剧内心的伤痛与无助，唯有心怀感恩，方能发现其中的阳光与积极。我感恩我的学生，是他们赋予了我付出的一切以意义，从他们身上，我看到了努力的果实。同样，我也感恩那些教学竞赛，它们促使我迅速成长，让我体验到了战胜自我的喜悦与成就感。回望这些年来的成长历程，虽平凡普通，但我却倍感幸运。幸运的是，我感受到了团队的温暖与力量，体会到了学习与改变带来的进步与喜悦，以及教师职业赋予我的幸福与满足；幸运的是，我的分享与付出得到了他人的认可与丰厚的回馈；幸运的是，在团队的助力下，我克服了一个又一个挑战；幸运的是，我学会了以感恩之心对待周遭的人。在教育专业成长的征途上，我深知教育无止境，奋斗不停歇。我愿做一个幸福的教育者，营造一个洋溢着幸福感的课堂，让教育因幸福而更添光彩，让幸福因教育而更加丰富。蓦然回首，教育之路已伴我九个春秋，一路走来，且行且歌，且歌且思，"笔尖耕耘桃李地，墨水浇开智慧花"。既然选择了这条教育之路，我便只顾风雨兼程，在树人的同时，也不断雕琢自我，矢志不渝地在这条道路上继续前行。

王业鸿简介：江西中医药大学经济与管理学院健康保险教研室教师，职称讲师。其研究方向专注于健康保险领域，已在学术期刊上发表论文十余篇，并参与编纂了《健康保险学》《健康保险营销学》等教材。在教学方面，该教师获江西中医药大学第七届、第八届"教学标兵"称号，以及第五届全国高校医疗保险专业青年教师教学大赛特等奖、第四届全国高校医疗保险专业青年教师教学大赛一等奖、全省高校公共教育骨干教师教学能力大赛二等奖、第四届江西省高校青年教师教学竞赛三等奖、学校课堂教学设计展评大赛一等奖、学校课程思政说课大赛一等奖。此外，还获得了"教书育人先进个人""三下乡先进个人""党员先锋岗""优秀班主任"等荣誉称号。主要授课课程包括人身保险、财产保险、保险精算、经济学原理等。

王业鸿代表性成果

1. 第五届全国高校医疗保险专业青年教师教学大赛特等奖。

2. 第四届全国高校医疗保险专业青年教师教学大赛一等奖。

3. 第三届全国高校医疗保险专业青年教师教学大赛二等奖。

4. 2021年全省高校公共安全教育骨干教师教学能力展示活动二等奖。

5. 2020年全省高校公共安全教育骨干教师教学能力展示活动三等奖。

6. 第四届江西省高校青年教师教学竞赛三等奖。

7. 全省防疫期间线上教学优质课评选活动优秀奖。

8. 江西中医药大学第七届教学标兵。

9. 江西中医药大学第八届教学标兵。

10. 江西中医药大学"教书育人"先进个人。

11. 江西中医药大学课程思政教学说课比赛一等奖。

12. 江西中医药大学课堂教学设计展评大赛一等奖。

13. 江西中医药大学首届教师教学创新大赛二等奖。

14. 江西中医药大学课程思政案例设计大赛二等奖。

15. 江西中医药大学课程思政征文和说课比赛二等奖。

16. 江西中医药大学防疫期间线上教学优质课程二等奖。

17. 江西中医药大学课程思政优秀教学典型案例三等奖。

学生眼中的王军永老师：王老师或许在外表上不以帅气著称，但他那激情洋溢、和蔼可亲、睿智深邃、严谨治学的气质，却让他在我们心中帅得无可替代。课堂上，他总能以充满激情且幽默风趣的语言，点燃我们的学习热情；课后，他总是面带温和的微笑，如同兄长般耐心倾听我们的心声；讨论之际，他那丰富的经验和独到的见解，总能给予我们深刻的启迪；研究之时，他对待每个问题、每个字句都一丝不苟，展现出极致的严谨态度。

——2016级公法班　欧洲

颁奖词：怀揣青春梦想，他自母校启程，踏入江中校园，继而站上教坛，以满腔激情叩开了事业的大门。转瞬十九载春秋，他始终辛勤耕耘：与书为伴，深挖知识之根；视生如友，关怀无微不至；尊师重道，虚心求教不辍；视校如家，默默奉献无悔。风雨兼程，坎坷共度，他以爱心和坚韧，将梦想一步步化为现实，在生命的苍穹中绘就了一道绚丽的彩虹。他以挑战为笔，自信为墨，诠释了青春最深刻的内涵！

"三位一体" 助推走向 "好老师" 的成长路

——"教学标兵" 王军永老师的成长之路

相信每位教师都怀揣着成为"好老师"的梦想。"个人能遇到好老师，实乃人生之幸；学校能拥有好老师，乃学校之光；民族能不断涌现出一批批好老师，则是民族之望。国家的繁荣、民族的振兴、教育的进步，均离不开我们倾力打造一支师德高尚、业务精湛、结构合理、朝气蓬勃的高素质专业化教师队伍，亟须大批好老师的涌现。"好老师的标准在于"拥有理想信念、道德情操、扎实学识及仁爱之心"。作为一名始终行进在"好老师"征途上的普通教育工作者，回顾过往的学习、工作与生活历程，展望教师生涯的美好愿景，我深感自身所取得的点滴成就，主要源自以下三个方面。

一、不忘初心，以激情铸就师德典范

"学高为师，身正为范。"欲成为一名好老师，首要在于提升自我道德修养，秉持理想信念、道德情操与仁爱之心，用正能量引领自身与学生的成长之路。

1. 铭记初心使命，潜心修身养性 教师，作为人类历史上最悠久的职业之一，被誉为"太阳底下最崇高的职业"，乃至"人类灵魂的工程师"，享受着法律的庇护、社会的关怀、家长的敬重与学生的爱戴。"师者，所以传道受业解惑也。"其中，"传道"居于首位。若仅知"授业""解惑"而忽略"传道"，则难以称得上是真正的合格教师，至多只能是"经师"而已。身为教师，我们应具备感恩之心，遵循习近平总书记对党员提出的

"红红脸、出出汗、洗洗澡、治治病"的要求，铭记自身肩负的为党育人、为国育才的光荣使命与职责。一方面，需树立正确的理想信念，培养良好的职业道德、社会公德与家庭美德，自己先怀揣中国梦，方能以德立身、以德施教，助力学生筑梦、追梦、圆梦。另一方面，则需洁身自好、严于律己，坚决与不正之风、污名化行为划清界限，勇于坚持实事求是，将世俗名利置于教书育人之后。

教师是教书育人的职业，其中育人尤为重要。然而，正如有人所言：教学是一场修行。无论是你所喜爱或厌恶的学生，还是那些对你抱有相同情感的学生，无论他们资质上乘或是难以雕琢，无论你是因喜爱其某方面而爱屋及乌，或是因期望过高而恨铁不成钢，他们都是你教学生涯中不可或缺的经历，都在无形中"协助"你不断成长，促使你自我完善。因此，教师需怀有一颗宽容之心，以宽广的胸襟对待每一位学生。"谁爱孩子，孩子就会爱他。唯有热爱孩子之人，方能教育好孩子。"正如老前辈曾告诫我的那样：对学生应怀揣爱心，视如手足、子女般亲近。当然，在当今这个倡导创新的社会，这种对学生的仁爱，不仅是心灵与生活上的关怀，更体现在从细微之处保护学生的"创新"思维：在课堂上与课堂外，都应致力于营造一种自由的环境，鼓励学生敢于"异想天开"、勇于"钻牛角尖"，始终以欣赏的眼光关注那些富有想象力、有独到见解的学生，捕捉他们稍纵即逝的灵感火花，如同珍视生命之光一般呵护学生独立思考的幼苗。

2. 热爱本职工作，时刻保持满腔热情 要做一个教育的耕耘者。其实，教育就如同农民种植庄稼。一名优秀的农民，能读懂庄稼的需求：饿了便施肥，渴了便浇水，并且深知何种肥料、多少水量最为适宜，何时施肥浇水、何时间苗打杈最为恰当。诚如俗语所说"三百六十行，行行出状元""兴趣是最好的老师"。我虽非自幼怀揣教师梦，但自踏上教师岗位以来，逐渐发现自己的特质与教师职业高度契合，并渐渐爱上了这份与年轻人朝夕相处、进行思想碰撞与知识传递的职业。我深信：一旦你真正热爱上一份职业，就会发现原本所谓的"工作任务"已不再是负担，而是一个快乐实现自我价值的过程。所有的辛劳与疲惫，也不再是累赘，而是一种收获、一份成就。

伟大的教师必然满怀激情，教师的魅力恰在于这份激情！激情，作为一种激昂而热烈的情绪，能够点燃情感的火花。缺乏激情的课堂显得平淡无奇，而充满激情的课堂，则能深深感染学生的情绪，使教学活动充满情感色彩，从而提升教学效果。正如《做个充满激情的教师：教师成功之道》一书所言，教师能否在工作与生活中双获成功，很大程度上取决于其内心是否怀揣激情。我时刻提醒自己：必须保持热情，用自身的情绪去感染学生；不断提升教学技艺，以绝技吸引学生；紧跟时代步伐，与学生的思想产生共鸣。因此，我在投入大量时间学习专业知识的同时，也会抽出一部分时间去关注大学生热衷的综艺节目，尤其是那些语言类节目。这些节目不仅能让我的语言更具魅力，还能让我在日新月异的变化中捕捉年轻人的喜好与动态，从而更有效地"因材施教"，将激情与学情完美融合。

二、专业支撑，教研相长

教师仅有理想、爱心与激情仍显不足，还需具备深厚的专业素养。教师的基本素质包括扎实的知识功底、过硬的教学能力、勤勉的教学态度以及科学的教学方法，其中，知识构成了根本基础。若知识储备欠缺、视野狭窄，在教学中定会显得力不从心，更无法谈及游刃有余。故而，在教学过程中，教师应持续学习、实践与研究，循环往复，以此推动教学质量的稳步提升。

1. 醉心学习，强化教学能力　教学同样是一个持续学习、积累与沉淀的过程。因此，若要成为一名拥有扎实知识功底的优秀教师，必须加强学习、勤于实践，并不断地通过自我反思来提升教学能力。这种能力的提升，本质上就是一个不断向书本求知、向同行求教的过程。"书中自有颜如玉，书中自有黄金屋。"爱书，无疑是教师应具备的基本"习惯"；购书，也往往是教师的一大"开销"；"大书橱"乃至"书屋"，几乎成了好教师的外在标志。当然，向书本学习，本质上也是向先贤学习，这是提升专业素养的首要途径。

对于大学教师，尤其是卫生管理等交叉学科的教师而言，专业知识的广博与精深更是不可或缺，需"两手抓，两手都要硬"：既要深入钻研专业课程，尤其是与所授课程紧密相关的内容；又要广泛涉猎相关专业领域的知识，特别是教育教学的理论与知识，如教育学、心理学等。

"一个好汉三个帮""三人行必有我师焉"。我们不仅要向书本、先贤学习，还需向身边的老教师、青年教师学习，汲取他们的经验与创新；同时，充分利用现代网络技术，走近全国知名的教师，观摩他们的课堂录像，研讨他们的教学改革事迹。特别是通过学习优秀教师育人的细节，净化心灵，提升教师的职业境界。"取人之长，补己之短"，唯有如此，教师的成长之路才能如顺水行舟般顺畅。

谈及成长，不得不提我在成长道路上遇到的一位位良师益友以及工作道路上的重要伙伴。几乎每一次参加比赛、承担任务，都有他们的指导与陪伴：最初踏入科研项目时，陈和利教授的悉心教导与亲身示范；参加教学标兵比赛时，王素珍教授亲自准备的补气"神水"；比赛前夕，何春生教授根据全场氛围提出的战略调整；第三届教学标兵比赛时，与王力、郑先平等同仁在办公室挑灯夜战、相互鼓励……因此，只有真心对待每一位身边人，共同进步，方能水涨船高。

教学能力的提升是一个持续实践的过程，这一过程既是将学习成果应用于实践，亦是深化学习的过程。教学同样是一个不断磨砺的旅程，无论是对教学内容的精心编排，还是对教学方法的灵活运用，都需要经历由生疏到熟练，再到精通的逐步进阶。因此，我们必须珍视并充分利用每一次教学实践的机会，以不断提升自身的教学能力。

首要任务是上好"模仿课"。教学不仅是一项技术性任务，更是一门艺术，它蕴含着不断模仿与内化的精髓。但模仿绝非简单的复制粘贴，而是要"洞察本质""汲取精华",并逐步融入个人特色,实现融会贯通。正如中国美术学院院长许江教授所言:"世间万物,凡生动之法,皆难以言传,唯有心领神会,方能融会贯通,洞见真谛。"故而,模仿应聚焦于教学的思路与方法,以及整体风格和语言特色等方面。例如,在教学语言上,不妨借鉴评书、相声等语言艺术,让平淡的叙述变得生动有力,如平地起惊雷。

其次是上好"研讨课"。当前学校中的集体备课、教学观摩、教学竞赛等活动,均为宝贵的"研讨课"平台。在真实展现并阐释个人教学思路、方法与内容的同时,通过定期或不定期的同行听课与集体备课,我们可以与听课者深入交流,就教材处理、教学设计、教学方法、教学手段乃至教学内容等进行广泛研讨,相互学习,取长补短,博采众长,这对于提升教师的教学能力、素养及理念尤为有益。因此,我们应将集体备课、教学观摩视为宝贵的学习机会,而非沉重的负担。

2. 沉心科研,反哺教学活动 科研反哺教学,实为提升教学能力的一大法宝。大学教育与中小学教育迥异,其教学内容已与职业紧密挂钩,即便在着重培养学生良好的品德时,职业道德亦应成为核心焦点。因此,大学教师的教学活动必须与职业实践紧密相连。当然,每位教师、每个专业、每所院校在将教学内容与职业实践相结合的方式与途径上均有所差异。对于从事卫生管理教学的教师来说,投身于卫生管理、卫生政策理论与实践研究,便是最为常见的结合方式。故而,在教学过程中,我尤为期望自己能做到以下几点:

一是将科研精神融入教学过程。在我看来,科研精神的核心便是敢为人先、追求真理、科学严谨,尤其在人文社科类课程中,"科学精神"的展现尤为重要。针对部分学生与教师认为管理、人文学科缺乏"技术"含量的观点,教学中应适当提升"方法"的比重,强调方法的科学性,并精准把握每个观点的提出依据,凸显观点的循证性。

二是转化科研方法为教学手段。科研中诸多常用方法与工具,在教学中均能发挥积极作用。例如，管理类学科可尝试利用问卷星等工具进行调查，采用专家评价法进行评估筛选，并运用统计学方法进行定量分析。在进行"前测－后测"比较时，便可在问卷星中设计知识知晓程度问卷，通过"前测""后测"及相应的统计比较，让学生直观感受"结果""结论"的推导过程。甚至，教师在课堂上熟练运用科研方法与工具，亦能增强学生对专业的自信心。

三是将科研成果融入教学内容。鉴于教材更新相对滞后，而知识与实践情况日新月异的现状，可将科研成果中的综述结果、具体研究结论融入教学内容，以帮助学生更好地把握现实，同时激发学生的好奇心与学习兴趣。

四是指导学生进行科研训练。当前，国家与学校均提供了众多创新创业、科研训练的项目与路径，教师可依托自身的科研积累，指导学生运用科学方法开展科学研究与创新创业训练。每当一篇科研论文完成或发表、一个科研项目立项或结项时，学生的成就感便会自然涌现，进而激发其专业自信。

提升科研能力，乃科研反哺教学之基石。当前，我们尤为重视以本科教学为本，视其为重中之重。然而，这并不意味着要全然投身于教学，而是应侧重于为教学服务，特别是为本科教学提供支持。因此，教师在致力于教学的同时，亦需将教学改革与科研训练视为关键任务。教学与科研的并进，对于教学质量的跃升具有深远意义。

一方面，应主动与专业相关机构建立密切联系，以便及时洞悉专业领域所面临的现实问题。毕竟，"纸上得来终觉浅"，唯有通过频繁深入实践基地，掌握第一手资料，方能积累丰富素材，有效避免照本宣科、教学枯燥乏味的状况。另一方面，要积极投身相关科研项目，诸如申报各级各类科研项目，在持续的磨砺中，锻炼并提升自己的科学思维能力。

秉持这一理念，在我入校的首个十年间，我始终坚持教学为先，刻苦钻研专业知识，力求探索出契合自身特色的教学方法，并通过两次教学标兵比赛的历练，验证了自己的教学成果。而在接下来的十年里，我的工作重心略向科研偏移，力求在所学专业领域有所建树，通过参与多个国家级课题研究、省委省政府文件起草等纵向与横向项目，取得了一系列与教学紧密相关的科研成果。

三、特色立命，创新驱动

教师的信念、激情与知识，皆旨在成为学生的良师益友，以培育社会主义接班人。那些能够成为学生良师益友的教师，往往具备独特的教学特色与个性。因此，在我的成长历程中，得益于师长们的悉心指导，我一直致力于结合个人特点、专业知识以及学生特性，将自己塑造为一位富有特色且具备创新精神的教师。

1. 三省吾身，打造教学特色　教学能力的提升本质上是一个深度自我反思的过程，正如古语所云："学而不思则罔"。美国教育心理学家波斯纳提出的公式"经验＋反思＝成长"恰如其分地揭示了这一点。书本理论学习与实践训练，无疑是提升教学能力的必由之路。然而，唯有将学习与深入的思考相结合，方能收获事半功倍之效。这个自我反思的过程，即教学反思，它要求我们审视并分析自己的行为、决策及其产生的结果，是一种通过提升自我觉察来促进能力发展的有效方式。

教师的成长之路，如同种子的发芽与开花，漫长而充满期待。每一步成长，既需要外界的阳光雨露，也离不开自身的奋力生长。卓有成效的自我反思，正是教师专业发展和自我成长的核心驱动力。因此，我始终秉持孔子"吾日三省吾身"的教诲。具体而言：

一是经常审视自我，理性、客观地与同事比较，探究自己的优势所在——是逻辑缜密、思维活跃，还是语言幽默、专业知识丰富等，以便扬长避短。

二是审视专业与课程，每门课程都有其独特之处，如数学的逻辑严谨、解剖的形象直观。在开课前，我习惯于通过与其他专业、课程的比较，明确每门课程的特色与关键所在。

三是审视学生，通过日常沟通、现代化媒介及教育学、心理学的研究，深入理解学生的思维与行为特点。

四是进行综合分析，不断凝练自我、学生、专业与课程的特点，明确教学策略、模式及核心优势。

明确教学特点与方向后，需依据控制理论，在教学的前、中、后阶段进行反思。教学前的反思，是指在备课之前，深入剖析教材、了解学生及其背景，进而制定既符合学情又具有前瞻性的个性化教案，使备课过程成为一种自觉的实践行为。教学中的反思，则是针对课堂上突发的问题，及时调整教学策略，以增强教学调控与应变能力，这要求教师熟练掌握教学内容与方法。而教学后的反思，则具有批判性特质，它有助于将教学经验理论化，进而提升教师的教学总结与评价能力。此外，通过阅读教育教学专著，吸收先进理念，对于促进教师专业素养的提升，同样是不可或缺的一环。

事实上，一个好老师应当 "十八般武艺样样精通"。为了提升教学质量，我们需融合多种方式，设计出既符合课程内容，又贴合学生特性及自身风格的教学模式。众多研究表明，学生的体验感和参与度对教学效果有着显著影响。特别是在人文社科类课程中，那些通俗易懂的 "原理" 往往更需要的是心理的感悟，而非单纯的逻辑推理过程。因此，设计一些能够激发 "心理感悟" 的体验式教学方式显得尤为重要，如游戏、案例分析等。

例如，在管理学课程中介绍 "信息漏斗" 现象时，单纯的语言描述难免显得枯燥。为了增强学生的体验，我们可以借鉴浙江卫视原创室内竞技真人秀节目《王牌对王牌》中的 "传话筒" 环节，设计一个简单的游戏。这样不仅能活跃课堂气氛，提高学生的参与积极性，还能有效提升教学效果，增强学生的体验感。

2. 广纳所长，创新教学制度　创新乃民族进步之灵魂，其核心在于更好地服务于我们的教学对象——学生。正如约翰·杜威所言，教学犹如商品销售，若无买家，则无从谈起售出；若知识无人掌握，教师亦难言真正教学。教师工作的艰巨之处，恰在于学生群体的不断更迭，每个时期、每个专业乃至每个学生的"学情"均各具特色。因此，教学创新必须遵循"因材施教"的原则，深入进行学情研究，全面把握学生的特性与学习背景。

同时，我们还应广泛汲取其他领域、学科、院校及教师的成功经验，通过对比分析，合理"移植"相关制度，设计出契合课情、学情与师情的教学体系。例如，当发现学生在某段时期内对某些专业的积极性欠佳，且好胜心、竞争意识强烈时，我们在课程的专业能力培养环节，不仅沿用了原有的设计实践训练，以提升学生运用专业知识解决实际问题的能力，还创新性地引入了"PK"与"质疑"模式。具体而言，让两组学生共同选择同一主题、任务或项目，通过课堂展示的"PK"及相应的分数差异，激励学生提前做足准备；同时，针对其积极性不足、缺乏聆听习惯的特点，设计了"质疑"提问环节，由学生提问、展示组回答，并根据提问与回答的质量，评选出"提问达人""应答达人"等，以此激发学生的参与热情。

王军永简介：1980 年 7 月生，男，中共党员，复旦大学社会医学与卫生事业管理专业博士毕业，获江西省"青年井冈学者"称号，现任江西中医药大学教授、博士研究生导师，并入选"1050 青年人才工程项目"拔尖人才、教学标兵、十佳青年及师德师风先进个人。同时，现任中国中医药信息研究会生命质量研究分会副会长、中医药政策与管理分会理事、中国妇幼保健协会妇幼健康发展研究分会常务委员、中华预防医学会卫生事业管理分会委员，以及《中国农村卫生事业管理杂志》编委。近年来，他主持了 3 项国家自然科学基金课题、5 项省级课题及 10 余项其他课题；参与了 6 项国家级课题、20 余项省厅级课题及 120 余项委托课题的研究工作。作为第一作者或通讯作者，他发表了 100 余篇学术论文，并主编、副主编或参与了 10 余部专著与教材的编写。此外，他还荣获了 5 项省、厅级教学与科研成果奖。在政策文件起草方面，他主笔撰写了《关于促进中医药传承创新发展的实施意见》《江西省关于加快中医药特色发展的若干政策措施》《江西省创建国家中医药综合改革示范区方案》及江西省"十四五"规划"健康中国"部分的重要政策文件。

王军永代表性成果

代表性科研课题

1. 国家自然科学基金：供需均衡诉求下农村老年人家庭照护承载力的测度与优化研究，2021～2024 年。

2. 国家自然科学基金：基于临床路径的慢性病分级诊疗模式评价与优化研究：以糖尿病为例，2018～2021 年。

代表性奖励与称号

1. 江西省青年井冈学者。

2. 江西省情研究特约研究员。

3. 江西省第十七次社会科学优秀成果奖。

4. 江西中医药大学"1050 青年人才工程"青年拔尖人才培养对象。

5. 江西中医学院第三届教学标兵。

6. 江西中医学院第二届教学标兵。

代表性论文著作

1. Short-term differences in drug prices after implementation of the national essential medicines system：A case study in rural Jiangxi Province：China：Indian Journal of Pharmacology：2015（SCI）。

2. 《社会医学简明教程》。

3. 《农村地区老年人中医药健康养老需求意愿研究》。

学生眼中的王莹老师：身为王莹老师的学生，听闻她荣获教学标兵之誉，我并不感到意外，深知她实至名归。在王莹老师的课堂上，我们常常能聆听到趣味横生的拓展知识，接收到她热情的互动邀请，并深切感受到她独特的人格魅力。从老师的言语间，我不仅惊叹于其学识的渊博，更时常被她丰富的经历和独到的见解所触动，诸如"人情与工作的平衡""为何注意事项需反复强调"等话题，至今仍历历在目。尽管老师偶有严厉之时，但我更多体会到的是她的责任心、率真态度以及那份难能可贵的可爱。时至今日，她依旧乐此不疲地在学习群中每日坚持分享三篇英语推文，这让我深切感受到老师心中那份如光般璀璨不懈的追求。愿她永葆初心，美丽长存。

——2021 级护理 4 班　官丙生

颁奖词：台下，她虚心求教，广泛吸纳各方智慧，勤于总结，勇于创新；台上，她精神焕发，风趣而幽默，循循善诱，实现教学相长。她巧妙地将教书与育人融为一体，无论是课堂之内还是课堂之外，都展现得同样精彩绝伦，赢得了学生们的一致好评，彰显了作为一名青年教师积极向上、卓越不凡的精神风貌。

挚爱无声蕴珠玉，洁行有梦值芝兰

——"教学标兵"王莹老师的成长之路

2003 年大学毕业之际，怀揣着敬仰与好奇，我踏入了江西中医药大学的校门。这里，一幢幢教学楼、宿舍楼、办公楼依山而建，错落有致；学生们活力四射，眼中闪烁着求知的光芒，穿梭于花园般的校园之中。初来乍到的我，望着这一切，脑海中不禁浮现出梅贻琦大师的名言："所谓大学者，非谓有大楼之谓也，有大师之谓也。"这瞬间点燃了我内心的激情——在这所环境优雅的高等学府，我虽未必能成为大师，但誓要成为一名优秀的教师。转眼间，这腔热血已沸腾了十九年，这十九年既短暂如白驹过隙，又漫长似漫漫征途。其间，既有各级领导的关怀、同事的协助，也离不开我个人的不懈努力。

回望自己站过的三尺讲台，回顾自己走过的教学之路，心中五味杂陈，既有欢乐也有辛酸，既有收获也有遗憾。在此，我愿分享一些深刻的成长感悟。首要的问题是：何为一名好老师？决心虽坚定，但概念却模糊，或许正如韩愈在《师说》中所言："师者，所以传道受业解惑也。"在我看来，便是潜心传授专业知识之道，认真授业，悉心解惑。简而言之，即将课本知识有效地传授给学生。

遵循这一思路，我以少女无忧无虑的心态和"宝剑锋从磨砺出"的工作态度，踏上了教学生涯。课前，我紧盯课本，反复研读教材，梳理重难点，整理教学思路。课堂上，我则滔滔不绝，面面俱到，生怕遗漏任何知识点，或是让四十分钟的教学显得空洞。偶有学生插话，我便立即打断，生怕影响了教学进度。正当我自诩为好老师时，却听到学生们私下议论：

"枯燥""无趣""学中医干吗要学英语，又不出国，毕业后都还给老师了""完全听不懂"。这如同一记重锤，击碎了我的自信。面对教学效果远未达到预期，以及学生们对英语课程的误解，我感到失落与困惑。于是，我常常带着懊恼的情绪向同事们倾诉。而让我感动的是，在我最无助的时候，教学同仁们毫无保留地传授给我他们的教学经验，他们总结道："初为人师，既是工作，更是学习。"这简单、质朴、毫无虚浮的话语，让我重新找回了信心。

作为新时代的大学教师，我首要的学习任务是：界定何为真正的好老师。回顾历史长河中的杰出教育者，如孔子倡导"教书育人"，老子讲求"上善若水"的境界，美国的安妮·莎莉文坚持"尊重孩子天性，引导其兴趣"，以及感动中国的张桂梅老师所展现的"师者仁心"。概括他们的共同特质：其一，他们勇于探索、不懈创新，铸就了独树一帜的教学风格；其二，他们拥有深厚的学科前沿知识，并秉持着严谨的学术态度；其三，他们对学生怀有毫无保留的关爱。以此为镜鉴，我循着先贤的步履，尝试着稳步前行。

一、勤于思考、积极探索、不断创新，形成独特的教学风格

国家大计，教育为本；教育之基，教师为要。作为新时代的大学教师，我们当追求知识广博，谦逊正直，既致力于教书，亦不忘育人。既要胸怀远大目标，又需具备扎实技能；既要有勇往直前的魄力，也要有坚持不懈的奋斗精神。古语云："十年树木，百年树人。"教师的言行举止，无形中对学生产生教育影响，潜移默化，树立榜样；我们应以身作则，言行合一，做学生之楷模，严于律己，宽以待人，对学生一视同仁，有教无类。我深信：中国梦，乃中华民族伟大复兴之梦，是国家富强、民族振兴、人民幸福之梦。中国梦的实现，需每一位华夏儿女携手并进，共同奋斗。我践行"国家兴亡，匹夫有责"的信念，秉持独特教风，恪尽己责。身为当代大学教师，唯有形成自身特有的教学风格与工作品德，方能不负

师者之责，为中国梦的实现添砖加瓦。我认为，要塑造独特教学风格，关键在于灵活多变的教学创新。历经十几年求学路，我深有体会：僵硬的讲解令人苦不堪言，而有趣的阐释则是享受。在课堂上，我以和风细雨的语调开篇，借图文并茂的课件呈现，用幽默诙谐的方式导入，辅之丰富生动的肢体语言，实现听说读写译的无缝衔接，甚至穿插即兴 Rap 或打油诗进行互动，营造轻松愉悦的学习氛围。大学英语课上，单词讲解往往显得枯燥，但在我这里，我总能化平淡为神奇。我运用全身反应教学法让学生动起来，以 "word guessing" 游戏让学生乐在其中，还采用舒尔特方格教学法引导学生专注。这些创新方法非生搬硬套，而是源于生活，经多渠道搜集并改良，使之贴合我的学生与教学。当然，面对挑战性主题时，我也曾费尽思量。如 "meeting statesmen" 单元，虽 "政治家" 主题按常规展开并无大碍，但为求独树一帜，我颇费苦心。最终，我以 "故意出错" 之法，巧妙区分 statesman 与 politician；同时，丰富背景知识介绍，从字典释义到头脑风暴，由杂志文章到结构剖析，有效降低了文章难度，便于学生理解；讲解条理清晰，逻辑严密，过渡自然，适时融入政治家风范，使之更加生动。

颇具特色的 PBL 教学法让同学们乐此不疲。我精心设计的 PBL 项目亮点在于摒弃了以往的随意性，更加凸显其系统性。项目形式多样，包括个人类 PBL 项目，如研讨会、景点解说员；团队合作类 PBL 项目，如模拟访谈节目、新产品发布会；以及博弈类 PBL 项目，如辩论赛、模拟答中外记者问等。内容前沿且富有时代性，涵盖访谈节目中的导演与长津湖、钟南山与疫情、袁隆平与水稻、屠呦呦与青蒿素的故事；新产品发布会中的中国创造；辩论赛中的快餐式浏览与精细化阅读之争，广度与深度的权衡；模拟答中外记者问中的 "双减"、碳中和、"一带一路" 倡议等热点话题。难度则根据内容、形式、规模等逐级递增，针对不同学期阶段适时开展。

这样的 PBL 项目令人眼前一亮，学生们乐于成为课堂的主体，积极抓住每一次参与的机会。甚至有同学开玩笑说："王老师言辞温婉，让人意犹未尽。"如今，课堂轻松活跃已成为常态。但我深知，一个好老师，仅靠课堂上的独特教学远远不够。正如《论语·述而》所言："不愤不启，不悱不发，举一隅不以三隅反，则不复也。"我将学生视为充满生机的种子，只要给予恰当的培育和护理，便能自然成长为佳谷、美蔬、嘉树、好花。

我认为，启发式教育不仅是教学方法，更是一种教学思想、教学原则和教学观。为使学生课内得法、课外得益，我鼓励他们参加各级各类比赛，并挤出自己应酬、饭局、出游的时间为他们指导。在比赛中，学生们能自如运用所学知识遣词造句、准确表达，发现并弥补文化差异，享受其中的收获与快乐。赛后，我们积极探讨比赛经验与心得，进一步拉近了师生距离。

我在教学中展现的情怀深深打动了学生，他们深情地向我表白："遇到良师，何其有幸。"听到这样的话，我感到非常欣慰。路漫漫其修远兮，吾将上下而求索。于我而言，通达古今变化、天地精神、心物微隐、人我情性、教学权变，以形成独特教风、尽匹夫之责，是我终生的追求。

二、刻苦求学、择善而从、与时俱进，秉持严谨的治学态度

职业成长如同保鲜剂，其核心在于终身学习。作为一名教师，若想给予学生一杯水，自身必须具备一桶水。我的学习途径广泛：既从书本中汲取知识，也向社会实践求教；既向同行取经，也向外行请教；既向校内教师学习，也向校外专家请教；既向资深教师学习，也向年轻教师学习。对于中医药，我虽不精通，却仍毫不犹豫地拿起相关书籍，加入中医药翻译基地，逐字逐句地研读与翻译。在课余时间，我常向专业教师请教中医药知识，并将其融入课堂教学，迅速搭建起教学相长的桥梁，使学生对英语有了直观、实用的感受。纵观古今中外，成功人士的字典里从不缺少"坚持"二字。为了夯实专业基础，近二十年来，我坚持每天阅读英语实时新闻，涵盖政治、经济、教育、军事、体育、卫生、外交、科技等各个领

域。高尚的师德，体现在教师以德为本、以身作则。古人云："其身正，不令而行；其身不正，虽令不从。"我深谙此理，并努力践行。因此，为了培养学生的爱国情怀和国际视野，我坚持每天推送实时英语新闻给学生阅读，并分享自己的学习心得。无论寒暑，从未间断。这不仅提升了学生的英语水平，也拓宽了他们的知识面，培养了他们关注国家大事、实时掌握国内外动态的良好习惯。在全球新冠疫情肆虐的背景下，中国的中医治疗已获得全球认可，《新型冠状病毒感染中医治疗经验总结》英文版已全球发行。借此契机，我向学生强调学习英语和中医药的重要性，鼓励他们开阔视野、主动学习，为中医药走向世界贡献力量。通过引导学生抓住这一契机，大大增强了他们的民族自豪感，以及为中医药走向世界添彩的决心。

择善而从为每个人的进步提供了充足的动力，这一点我在教学标兵备赛期间便有了更深刻的体会。在近四个月的备赛过程中，我向院长学习如何透彻分析文件、研读规则、厘清方向；向学科带头人学习如何反复钻研教材、搭建课程框架；向省级教学比赛获奖教师学习如何推敲教学内容和授课语言；向教学课件制作比赛获奖教师学习如何制作排版合理、演示恰当、设计精美的PPT，使学生置身于由声、形、光、色等营造的语言情境中感受语言魅力；向前几届教学标兵请教如何打磨课程，对每个细节进行调整，做到精益求精；向其他参赛教师学习如何一丝不苟、临场应变、大气沉稳。我要感谢人文学院给予我信任和支持的领导，以及与我并肩奋战的同事们，是他们为我提供了帮助，插上了梦想的翅膀，否则教学标兵这一高度是我难以企及的。我还要感谢与我同台竞技的所有优秀教师，他们文思敏捷、兢兢业业、德才兼备，都是我学习的榜样，是他们的卓越激励我挑战自我、超越自我。

三、心系学生、用爱陪伴、助力成长，怀有慈爱的护生之情

我十分钦佩陶行知先生所言："不要你的金，不要你的银，只要你的

心。"只要教师以心交心，关怀、尊重、理解并信任学生，那么学生内心的嫩芽，在得到老师言语与行为的精心呵护后，定能更加茁壮地成长。爱护学生是每位教师不可推卸的责任，我更是将关爱学生视为自己的天职。于我而言，关心学生即心中常怀学生，时刻为学生着想，致力于服务学生。学生在学业上遭遇困境时，我迅速伸出援手，清除障碍；生活中遇到不便，我亦及时排忧解难。

2020年春季学期，新冠疫情肆虐，线上教学成为常态。在此期间，我丝毫不敢懈怠，对学生的作业一丝不苟地批改，对提出的问题迅速回应，对合理诉求尽力满足。同时，我始终牵挂学生的家乡疫情、身体状况及心理变化，设身处地为学生着想。记得当时有位学生因家境贫寒，无力承担线上学习所需的手机流量费，焦急万分。作为二孩妈妈的我，收到他的求助信息后，毫不犹豫地为他支付了一个季度的流量费用，确保他在这段特殊时期的学习不受影响。

当学生遭遇心理困扰时，我总是及时为他们解开心结。午餐与午休时段，我常作为倾听者，为学生疏导心理障碍，这已成为常态。我教授的班级中常有来自新疆的学生，由于高考政策差异，他们的英语水平起步较晚，面对与汉族同学同步的大学英语课程，倍感压力，焦虑情绪明显。见此情景，我总会及时给予心理疏导，告诉他们不必过分忧虑，考试结果并非唯一，平时努力最为重要。同时，我引导他们认识到，适当压力能激发学习动力。在我的多次疏导下，他们的焦虑情绪逐渐缓解，学习动力反而更足了。其中一位新疆同学，经过一年的刻苦学习，英语成绩已跻身班级中上水平，这让我感到无比欣慰。

在我所教授的班级中，男女学生都视我为知心姐姐。我常与学生们漫步在校园的绿荫下，徜徉于湖泊边，围坐于青翠的草地，倚靠在宁静的荷池旁，畅谈天地；时而笑谈吃喝玩乐，时而热议时事话题，时而低语，时而高歌。偶尔，"咔嚓"一声，争相捕捉美好瞬间，我们的情谊便在不经意间升温，升华。无论他们在学习、生活、社交、情感还是身体上遇到难题，总会第一时间向我求助，向我倾诉心声。我则以母亲般的柔情与真情，给予他们关怀、疏导与帮助。对于那些不善言辞的学生，我也能敏锐地察觉到他们的困扰，并竭尽全力施以援手。这份爱，是相互传递的。当我身体不适时，学生会搬来凳子、递上热茶；节日来临，他们会发来温馨的短信，寄来满载祝福的贺卡；相见时，是亲切的问候；久别重逢，则满怀牵挂；再次相遇，他们用感激的目光、热情的拥抱表达着情感。我深切地感受到了爱的深厚与教育的力量。

近二十年来，作为学生健康成长的引路人与指导者，我拼搏、坚守、操劳；在信仰的征途上，我始终保持冲锋的姿态，不敢有丝毫懈怠。这一路上，有泪水也有欢笑，有艰辛也有收获，最终，我赢得了同学们的信赖、赞誉与一致好评，并多次荣获"最受欢迎老师"称号，于 2021 年被遴选为江西中医药大学第八届"教学标兵"。我感激同学们的赞美："你人如其名，光洁透明、晶莹剔透，如同美玉般细腻纯洁、光亮真诚，滋润着我们的心田；你也有着美玉般无瑕、精益求精的教学态度，让我们将上课视为一种艺术享受。"然而，作为教师，这还远远不够。在过去带领学生开展创新创业项目的基础上，我计划未来建立更多靶向学习社区，并深入参与到学生的课外学习中，以便更精准、全面地了解他们的学习状况，为他们提供更多帮助。我还有诸多期盼，愿这些期盼能化作精神的沃土，与同学们共同成长。我愿做一把号角，吹响理想与激情的号令，在学生心中回响；我愿做一块基石，以踏实与稳健为青年学子的成长之路铺垫开拓；我更愿做一把火炬，用光和热将爱的感动传递给更多人。

王莹简介：人文学院英语教师，拥有硕士研究生学历。她已从事英语教学工作 18 载，勤于进行教学反思，积累了丰富的宝贵经验。其英语教学风格沉稳踏实且不乏开拓创新，不断探索并实践灵活高效的教学方法，能够将知识与生活紧密联系，深入浅出地引导学生自觉体悟语言之美，深受学生喜爱，并多次被学生评选为班级最佳教师。她性格开朗活泼，待人真诚友善，对教育事业怀有极高的热情。在工作中，她始终秉持用心做事、传道解惑的原则，用情育人，润物无声。

王莹代表性成果

1. 指导学生获首届"外教社·词达人杯"全国大学生英语词汇能力大赛江西赛区特等奖。

2. 江西中医药大学疫情期间线上优质课程三等奖。

3. 江西省优秀教学案例二等奖。

4. 江西省 2017 年度优秀科研成果一等奖。

5. 《现代英语文体分析与阅读研究》。

6. 2012 年度江西省社科规划项目；2015 年度江西省社科规划项目。

学生眼中的艾国平老师：您在课堂上能将枯燥抽象的高等数学讲得诙谐幽默、风趣生动，极大地调动了我们学习高数的积极性。授课时，您重点突出，内容详尽，条理清晰且细致入微；对待同学们，您因材施教，善于启迪心灵。

——2021 级药学 1 班　郑永超

颁奖词：人们常说，上好一堂课并非难事，难的是持之以恒，将每一堂课都上得出类拔萃。在这三尺讲台上，这位拥有近四十年教龄的教师，日复一日地耕耘，不断重复着教学的流程，却总能演绎出别样的精彩。他以温文尔雅的话语循循善诱，以满腔的热情启迪学生的智慧，将原本抽象深奥的数理知识，讲解得有声有色、趣味盎然，让求知若渴的学子们受益匪浅，仿佛饮甘露，如沐春风！

从如何上好每一堂课开始

——"教学标兵"艾国平老师的成长之路

作为一名教师，首要之务在于为人师表，致力于提升教学质量。而教学质量的核心，在于如何精彩地讲授每一堂课。下面，我将分享一些个人的体会。

一、熟悉教材

我们这里所说的熟悉教材，并非如同学生时代那样，仅仅为了掌握教材内容及解题方法，而是要深入理解教材的编写指导思想、框架结构和层次布局。我们需要明确这本教材旨在解决哪些方面的问题，需要融合哪些学科的知识，并且理解各章节中配套习题或案例所起的作用及其达到的目的。如此一来，你对教材的驾驭能力将会增强，教学方向也会随之明确。

二、备好课

1. 备教材

（1）需清晰掌握各章节的教学目的，无论课堂上如何灵活应变，最终都是为了达成这些目的。

（2）深入了解教材的重点与难点：对于重点部分，需提醒学生注意；对于难点部分，则需详细讲解，力求通俗易懂。

（3）明确教学过程及环节：包括新课的引入、讲解、定理的证明、习题或案例的分析、学生练习的点评以及课程的小结等，应编排得合理有序。

（4）准确预判各章节中可能出现的问题，并准备好相应的解决方法。若能巧妙解答学生的这些问题，将赢得学生的敬佩，从而提升课堂效果。

2. 备学生

当代大学生对理想的思考愈发务实。他们中的多数人已形成了求真务实的观念，将理想定位于未来的事业，且其中大多数理想都是可实现的。在追求自我价值实现的同时，他们展现出了强烈的爱国思想和社会责任感。他们立足现实，面向未来，在将理想定位于事业的同时，提出了用所学专业知识"为人民服务""报效祖国""回报社会""为百姓造福"等远大目标，这体现了他们理想的崇高性，构成了当代大学生理想的主流。

针对当前大学生理想信念的现状，结合调查资料的综合分析及我们从事高校学生教育工作的实践经验，特提出以下加强当代大学生理想信念教育的对策建议：将教书与育人相结合，将立德树人作为自身追求，紧紧抓住课堂教学这一主阵地，在大学生成长的关键时期，引导他们扣好人生第一粒扣子，不断提升自身的思想道德和法治素养。同时，积极推进教学改革，以学生为中心，创新课堂教学模式，让学生成为学习的主体，在传授知识的过程中引导学生树立崇高的理想和坚定的信念。

在课堂教学中需解决以下问题：学生是否听懂了你所讲解的内容？对于不懂的地方，你该如何应对？你的哪些教学内容能吸引学生兴趣，哪些又未能引起关注？应如何扬长避短，及时调整？在哪些知识点上学生可能会提出问题，他们会提出什么问题，你又该如何解答？对于学生上课迟到、上课讲话、上课使用手机或玩游戏等现象，又该如何处理？若这些问题都能妥善处理，那么这堂课自然会上得更好。

三、课程设计

1. 语言设计　需将教材中的语言在课堂上以自身语言重新阐述，即形成个性化的讲稿，以自身语言表达教材内容。

2. 上课框架设计　课程应被合理划分为多个层次，并确定各部分内容的层级归属，同时考虑习题与案例分析的最佳融入位置。

3. 教学时间的合理安排　需精确把控一堂课各环节的时间分配，预估整体授课时长，以确保时间安排合理，进而营造出课堂的节奏感。

4. 上课时板书的布局　板书应追求整齐、美观、清晰，并注意作为多媒体课件的补充而非重复。

5. 教学方法的多样化设计　包括多媒体演示、实物展示及与学生互动等多种手段。

6. 课堂小结设计　叮由教帅总结，也叮由学生概括。

四、课堂组织教学

与学生互动的方式　提问、小组讨论、共同演示等都是有效方法，旨在挖掘每位学生的潜力。授课中需准确掌握知识，做到"深入浅出"，让学生在愉悦的氛围中获取知识；课后需反思，不断提高教学水平及课堂掌控能力。同时，应秉持"三心"——爱心、关心、耐心，通过这三心引导学生掌握学习方法，助力学生更快进步，成为学生的"良师益友"。

（1）提高学生学习兴趣的方法　课程需生动有趣，让学生成为课堂主体，理论联系实际，帮助学生实现课堂目标。引导学生欣赏数学的奇异美，从欣赏的角度学习数学，以学生为本，营造创新氛围。利用"变"，改变问题的条件、结论、表述或解法，引导学生探寻最优解；运用"辩"，组织当堂作业点评，鼓励学生参与点评，锻炼他们的胆量；善用"辨"，在求同中存异，分析貌同实异之处，寻找差异中的相同点。结合教学内容，融入思政元素，进行价值引领。

（2）关爱与尊重学生　需关注并解决学生在学习及生活中遇到的困难，耐心倾听学生的每一个问题，多给予鼓励和赞美，让学生在充满关心、尊重、和谐高雅的氛围中感受知识的力量。

五、教学能力的锻炼

1. 知识的积累　需广泛积累知识，特别是前沿学科及关联学科的知识。

2. 语言表达能力的提升　不仅是讲好普通话，还需注重语言的感染力、准确性、精练性、节奏感及吸引力。

3. 教态的展示　如何运用肢体语言恰当表达课堂内容是学生评价教师的重要方面，上课时需仪态端庄自然，教态亲切。

4. 上课要有激情　我们要时刻记住自己是在舞台上表演，要为学生创造一个和谐、轻松、活泼、愉快的课堂气氛。准确、形象、幽默、有吸引力的教学，能打动学生的情感，有时会让学生热血沸腾。简单概括起来，上好一堂课有四个要求：一是要有强烈的责任心，认真对待每个40分钟，这是上好课的前提；二是要有扎实的理论功底，丰富的专业知识和相关的基础知识是上好课的基础；三是认真备课，这是上好课的保证；四是要有科学的教学方法，这是上好课的手段。

六、课堂教学改革要质量

1. "竞赛育人"的教学实践模式　自2005年起，我带领"数学建模"教学团队，从精心挑选教材和制作课件开始，不断更新题库、制作随机演示软件、开展混合式教学。十多年来，《数学建模》教学团队坚持课程建设，不断将新的教学理念、手段引入教学中，对课程进行不断打磨，使得"数学建模"课程在学生中赢得了相当高的口碑。在学科竞赛育人教学改革中，我们不断摸索前进，从最初鼓励学生参与数学建模学科竞赛，逐步建设完成了一套完整的学科"竞赛育人"教育体系。通过邀请企业参与竞赛命题、评审等形式，使学生及时了解专业热点问题，激发学习兴趣，提高分析问题和解决实际问题的能力，全方位提升学生的专业知识及综合素质水平。学生们也在奋斗中收获了丰硕的果实，取得了全国数学建模二等奖、江西省数学建模一等奖、美国数学建模二等奖等好成绩。

2. "主动式"课堂教学模式　2010年，在学校领导的关心、帮助和指导下，计算机学院进行了以学生为主体、教师为主导的"主动式"课堂教学模式的改革。具体实施过程见图1。

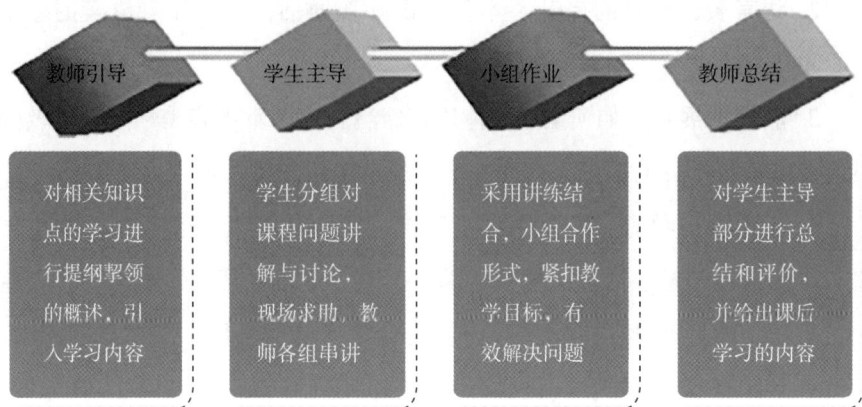

图1 "主动式"课堂教学的运行方式

（1）主动式课堂教学模式实施方案 教师课前设计导学任务—学生查找资料自主学习—在教师引导下，学生上台讲解—师生交流后进行分组讨论—教师进行总结。这一流程改变了计算机等理工科课程中传统的以教师为中心、讲授为主的教学模式，学生不再只是被动地接受教师传授的知识。它确立了学生在课堂教学中的主体地位，充分发挥了学生的主体作用，营造出一种民主、和谐、平等的教学氛围，从而最大限度地激发了学生的学习愿望和兴趣。学生能够积极有效地参与教学活动，主动获取知识，在小组或团队中相互协作，共同探讨、交流学习经验和体会，共同完成学习过程，最终达到乐于探究、勤于动手的目的，进而提升了学生的自主学习能力。这一模式不仅对理论学习大有裨益，还锻炼了学生的多方面能力，如文献检索与资料查阅能力、归纳总结与综合理解能力、逻辑推理与口头表达能力、主导学习与团结协作的能力，以及终身学习的能力等。同时，它也增强了师生之间的理解、信任和感情。学生在课堂上感受到了被重视，获得了成功的自豪感。学生的学习情绪日益高涨，主体意识不断增强，课堂教学效果也因此得到了提升。

（2）"主动式"课堂教学模式转化过程中出现的问题 在由传统课堂教学模式向以学生为主体的"主动式"课堂教学模式转变的过程中，师生均遭遇了不少挑战与困难。学生层面：由于长期习惯于中学的"填鸭式"教育，他们对传统教育模式产生了一定依赖，缺乏主动发现并解决问题的积极性和能力。部分学生仅满足于获取高分，因此对教学改革形式感到颇为"耗时"，在课堂上缺乏主动配合，自主学习的自觉性不足，站上讲台讲解知识点的自信心薄弱，难以顺利实现从被动学习者到学习主人的角色转换。

教师层面则面临以下要求：① "主动式"课堂教学模式对教师自身素质和教学技巧提出了高要求，教师不仅需熟练掌握本专业及课程内容，还应扎实掌握相关学科知识，并具备提出问题、解决问题的能力，灵活运用知识的能力，严密的逻辑思维能力以及良好的组织管理能力。同时，要善于调动学生的积极性，寓教于乐，控制课堂节奏。②教师应熟悉教学大纲和学生能力状况，以便合理规划学习重点、难点，制定有针对性的讨论提纲，并选择适当例题。③教师还需具备良好的组织管理能力，掌握控制课堂节奏等技巧，以有效调动学生的积极性，寓教于乐。这些都对教师的教学能力、课堂组织能力、教材把握能力提出了新挑战。此外，当学生课前准备不足，课上不配合教师上台讲解，不积极参与小组讨论等情况出现时，都会给教师带来精神上的巨大压力。那么，如何妥善解决上述两方面问题呢？

（3）"主动式"课堂教学模式平稳转化采取的措施

1）必须营造一种民主、和谐且平等的教学氛围。教学过程本质上是师生间情感交流、相互感染与碰撞的过程，教师的情绪表现势必会作用于学生的心理状态。因此，教师需时刻站在学生的立场思考问题，学会蹲下身来，与学生展开平等的对话，共同探究知识。如此，方能让学生感受到自己被老师所重视与关注。在这样的民主、平等、和谐的氛围中，学生的情感得以迁移，进而促使他们"亲近师长、信赖其教诲、乐于学习"。

2）兴趣是最好的老师。实践证明，当学生对某门学科产生兴趣时，便会自觉动脑筋，积极投入学习。兴趣能激发强烈的求知欲，促使学生主动学习，并在学习过程中发挥主体作用。因此，我们应端正教学观念，明确自身在课堂教学中的定位，成为教学活动的组织者、指导者、参与者和研究者，为学生提供自主探索的机会，引导他们学习所渴望的新知识，运用已知去探索未知。故而，教师必须依据教材特点、学生的不同特征和个性，以教材为基石，灵活运用教学方法为手段，旨在让"教"更好地服务于"学"，从而有效激发学生的学习兴趣。

3）将主动权赋予学生，以促使学生积极且有效地融入教学活动，主动汲取知识。教师激励学生进行小组或团队间相互协作，共同探讨、交流学习心得与体会，携手完成学习过程，旨在培养学生乐于探究、勤于实践的习惯。为深入探究"主动式"课堂教学模式改革所能取得的积极成效，我院针对2009级、2010级、2011级计算机班（共计149名学生）就《高等数学》课程的"主动式"课堂教学模式开展了问卷调查，统计结果具体如下。

①在"主动式"课堂教学模式下完成本课程的学习后，同学们普遍感到自己的自学能力有所提升，具体而言，28%的同学认为提升显著，67%的同学感觉有所进步，仅5%的同学认为没有变化。

②同样，在"主动式"课堂教学模式下，同学们的语言表达能力也得到了增强，其中21%的同学表示提升很大，70%的同学感到略有提高，仅9%的同学认为没有提升。

③此外，同学们在分析问题与解决问题方面的能力也有所增强，在"主动式"课堂教学模式下学习本课程后，28%的同学认为增强了许多，63%的同学感觉有所增强，而仅9%的同学认为没有增强。

④心理素质方面，同学们同样感受到了正面影响，在"主动式"课堂教学模式下，34%的同学认为自己的心理素质提高了很多，61%的同学感觉有所提升，仅5%的同学认为没有变化。

⑤关于协作能力，本课程结束后，74%的同学表示喜欢与同学合作完成任务，26%的同学认为一般，无人表示不喜欢。

⑥在对同学们最向往的课堂形式的调查中，结果显示，63%的同学倾向于以学生自我探究为主，辅以教师适时点拨的方式；34%的同学则偏好小组合作学习；仅有3%的同学选择了传统的教师讲授、学生聆听的模式。

从这份问卷调查表来看，"主动式"课堂教学模式能够有效激发学生学习的积极性，提升学生的主动性与自觉性，并增强学生提出问题、分析问题、解决问题的能力以及创新能力。此模式还有助于学生在语言表达、心理素质、团结协作等方面的综合素质得到全面提升。此外，这种教学模式极具推广价值，可应用于其他课程之中。同时，学生在"主动式"课堂教学课程中的成绩，还能对其他非"主动式"课堂教学课程的成绩产生积极影响，进而促进其提升。

（4）主动式课堂教学模式实施成效

①历经五年的努力，计算机学院成功构建了"主动式"课堂教学模式，并在此基础上成立了"主动式"课堂教学团队，该团队荣获"校级教学团队"称号。

②"主动式"教学课程起初在计算机专业课程中实施，随后逐渐推广至高等数学、大学物理学、生物医学工程、离散数学等多门课程。艾国平、张春强、周燕玲、宋伟才等六位教师参与了主动式教学，共有12个班级的学生体验了这种新型的教学模式。

③经过数年的持续跟踪与对比，结合540批次的学生问卷调查及30余篇学生关于主动式课堂教学的心得体会，我们发现学生的考试成绩相较于传统教学模式有了显著提升，同时学生的综合能力也得到了极大增强。

④与此同时，学院还卓有成效地举办了师生互动的"主动式"课堂教学研讨会、教师间的"主动式"课堂教学模式沙龙会，以及计算机学院学生的讲课比赛，这些活动共同营造了学院内民主和谐的教与学氛围。

⑤近五年来，主动式教学团队的老师们共发表了5篇教学改革论文，其中2篇刊登在教学类核心期刊上。此外，他们还承担了四项省级教学改革课题任务，并在2012至2021年的全国大学生数学建模竞赛中，江西赛

区获得一等奖 13 项，全国范围内获得二等奖 5 项。

艾国平简介：江西中医药大学计算机学院的一名教师，主讲高等数学、工程数学、数学建模等课程。该教师在 2005 年至 2006 年获得江西中医学院优秀教师称号，并于 2006 年秋季学期的课堂教学比赛中获得二等奖。2007 年 5 月，他再获江西中医学院首届教学标兵称号；同年 9 月，又被评为江西省师德先进个人。2009 年 5 月，他再次获得江西中医学院第二届教学标兵称号。此外，他还是江西省教学成果一、二等奖获奖团队的成员，并主持校级"主动式"教学团队。他担任中国中医药出版社《高等数学》副主编，担任中国医药科技出版社《高等数学》主编。2019 年，他指导学生参加全国数学建模比赛，获二等奖；2020 年，指导学生参加江西省大学生科技创新与职业技能竞赛，在数学建模赛本科组中获一等奖。

艾国平代表性成果

1. 获 2005—2006 年江西中医学院"优秀教师"称号。

2. 参加 2006 年江西中医学院课堂教学比赛获二等奖。

3. 2007 年 5 月获江西中医学院首届"教学标兵"称号。

4. 2008 年获江西省"师德先进个人"称号。

5. 2009 年 5 月获江西中医学院第二届"教学标兵"称号。

6. 2010 年中国中医药出版社高等数学副主编。

7. 2016 年中国医药科技出版社高等数学主编。

8. 2019 年指导学生参加美国建模比赛获二等奖。

9. 2019 年指导学生参加全国数学建模比赛获二等奖。

10. 2020 指导学生参加江西省大学生科技创新与职业技能竞赛，获数学建模赛本科组一等奖。

学生眼中的刘雅老师：她总是以饱满的热情和严谨的态度投入每一堂课。在授课过程中，她的讲解不仅能够牢牢抓住学生的注意力，还能从一个知识点出发，延伸到多个相关领域，并通过提问、互动等方式引导学生深入思考。她善于运用生动形象的语言与学生交流，建立起良好的师生互动关系。这样的教学方式，不仅拓宽了学生的知识面，也加深了他们对知识点的理解，使学习更加高效。刘老师教学认真负责，理论基础扎实，专业技能过硬，在注重理论教学的同时，也特别重视提升学生的实验能力，教学效果显著。她的指导针对性强、实用性强、操作性强，能够因材施教，让学生在轻松愉快的氛围中学会学习、善于学习、乐于学习。课后，她经常与同学们交流，广泛听取他们的意见，耐心解答疑问，深受学生们的喜爱。

——2021级中医2班学习委员　骆慧钰

颁奖词：她以"严"与"爱"为教育风格，以"让学生成长成才"为事业追求。她将枯燥的代码转化为鲜活的知识，将小小的教室打造成快乐的学堂。岁月更迭，她初心不变。她人淡如菊，在百花园中，甘愿做一名默默耕耘者！

教育是一种良知的守望

——"教学标兵"刘雅老师的成长之路

为师者，乃塑造人魂之匠也。须清其志，洁其心，正其身以立。教师应坚守一份操守，唯有甘于宁静，方能致远。正所谓：性天澄澈之时，饥餐渴饮皆能康济身心；心地沉迷之际，纵谈禅理演偈亦只播弄精魂。教育，乃良知之守望，每位教师自踏上讲台那一刻起，便当怀揣奉献之心。他们心中，应怀揣一个梦想——成为受人尊敬的优秀教师。诚然，优秀教师之成长路径各异，却亦不乏共通之处。成长，宛若一幅画卷，细细描绘着从教生涯的点点滴滴，既有成功时的自豪，亦有失意时的寂寥。于教师而言，成长意味着将自我成长与学生成长紧密相连，对学生的爱，乃教育之"润滑剂"，亦为实施教育不可或缺之条件。对优秀教师而言，教育不仅是职业，乃事业也；课堂非重复之地，乃创造之所；教师之"教"，旨在"不教"。身为普通教师，虽难成就惊天动地之伟业，却也能如山间小溪，潺潺流淌，清澈纯净，滋养沃土，绿草茵茵，散发泥土芬芳。假以时日，必能桃李满天下，实现人生价值。回顾往昔，方知感恩之重，总结过往，方能促进成长。回望过去，我认为，要成为一名优秀的人民教师，与以下关键词密不可分：爱、努力、机遇、导师、公开课、竞赛、反思、超越及"悦"读。

爱，意味着关爱学生、热爱课堂、钟情于这份职业。关爱学生是师德的灵魂，而教书育人是一门艺术，教师的伟大之处在于他们的宽容。教育家苏霍姆林斯基曾指出，教育首先应当小心翼翼地触及那些幼小的心灵。关爱学生的首要前提是尊重学生，尊重是爱的基础，尽管许多教师都明白这个道理，但在教育实践中却往往难以真正做到。无论是行为习惯还是思维模式，教师常常将学生视为孩子或晚辈，以长辈的姿态对待他们，倾向于说教和管教。教师应倾听学生的声音，理解他们的感受，学会站在学生的角度思考并解决问题。其次，关爱学生需要平等公正地对待他们。在学生眼里，"公正客观"被视为合格教师最重要的品质之一。所谓"爱无差等，一视同仁"，在教师眼中，学生应当是平等的，不应有优劣之分。教师不能以私心或个人好恶作为处理师生关系的标准，因为感情的倾斜必然会导致学生的心理失衡，偏袒或歧视都会让学生失去对教师的信任。教师应懂得欣赏每个学生，善于发现并挖掘他们的闪光点，将爱洒遍教室的每一个角落，用热情点燃学生心中的希望。教育家陶行知曾说："你的教鞭下有瓦特，你的冷眼里有牛顿，你的讥笑中有爱迪生。"学生是多样化的个体，个性各异，或许你眼中的"差生"也有其闪闪发光的一面。教师对学生应当严慈相济，做他们的良师益友。古人云："亲其师，信其道。"良好、融洽的师生关系能让师生双方感到愉悦，学生只有在愿意亲近并尊敬教师时，才会主动学习并接受教师所传授的知识与道理。教师还应热爱自己的课堂。课堂是教育的主战场，是学生素质形成的主渠道，课堂一端系着学生，另一端连接着国家和民族的未来。教师的成长离不开课堂，脱离了课堂，再优秀的教师也如同建造空中楼阁，没有试验田，无从落实。讲好一堂课是教师的本职与使命，也是他们应为之不懈努力的追求。在课堂教学中，教师应更多地考虑学生想如何学、学什么，而非仅仅关注自己想如何教、教什么。我认为，课堂应当有温度，有温度的教育是一种浸润心灵的教育，它折射着教育的情怀与理想，是"立德树人"的切实体现。教师首先需要储备扎实精深的专业知识和驾驭这些知识的能力。在教学活动中，教师应不断反思、总结、学习，以丰富自己的知识储备。只有当学生从内心深处认可教师时，他们才会积极配合并参与课堂。同时，教师应在传授专业知识的过程中关注学生的情感反应，用自己的人格魅力与渊博学识活跃课堂气氛，让学生在行为体验与情感体验中产生共鸣，使知识的传授更具温度。

教师要热爱这份职业，将其视为信仰。花是尊贵的，果实是甜美的，让我们都来做叶吧，因为叶是平凡而谦逊的。教师应甘于做"绿叶"，生活可以清贫，但精神应当富有；工作看似平凡，但事业却是崇高的。作为一名人民教师，我深感幸福，因为教师肩负着将学生培养成国家栋梁的重任。一个人的幸福感，很大程度上源于心态。教师应保持平和的心态，甘于奉献，乐于付出，释放正能量，这样教师这一角色便能绽放光芒，这就是幸福！正如陶行知先生所言："教师工作的最大幸福在于培养能够超越自己的学生。"

教师的成长需要不懈努力。教师应具备忧患意识。我记得刚入职时，对教师这一身份感到陌生，不知从何开启职业生涯，懵懵懂懂，每天只是按部就班地完成必要的工作，认为"无过就是功"，安于现状，不思进取。渐渐地，我与同期入职的同事之间的差距越来越大。当我意识到自己已落后许多时，才幡然醒悟，决心努力。如果科研对我而言难度较大，我便先将教学搞好，深入钻研教材，了解学生，精心设计课堂教学。于永正老师曾说："教学的艺术就是钻研教材的艺术。"钻研教材是教师最重要的基本功，只有吃透教材，才能提高教学质量。如果说了解学生是获得学生认可的前提，那么课堂教学便是教育最直接的表达方式。

一个教师只有对自己从事的事业怀有深厚的情感，才会产生强烈的自豪感、光荣感和责任感，也才能在平凡的岗位上努力工作，认真耕耘，创造不平凡的成就。教师一旦拥有强烈的事业心和崇高的个人修养，学生也会受到感染。业精于勤，荒于嬉；行成于思，毁于随。教师的人格对学生的影响是终身的，其意义远大于知识传授本身。

机会总是垂青于有准备之人。在教师的成长旅途中，机会从不匮乏。当机遇之门敞开时，能否把握并借此迅速成长，便取决于教师个人的能力与抉择。青年教师应当实现从"被发展"到"自我发展"的跨越，敏锐地捕捉并利用各种机遇，勇于接受挑战。诸如教学培训、教学比赛、教学研讨等活动，均应全力以赴地参与。例如，为紧跟新时代高等教育改革的步伐，强化师资队伍建设，持续提升教师的教育教学能力和水平，学校每年暑期都会举办中青年骨干教师教学能力提升培训班。暑期为教师的专业成长提供了广阔的空间，教师这一职业要求终身学习，需不断充实自己，着力提升师德修养和专业素质。暑期教师培训是教师专业成长的必由之路，有助于教师教育理念、知识结构及教育能力的持续发展。教育作为时代的镜像，无时无刻不镌刻着时代的印记。时代更迭，教育学生的方式、课堂教学的手段以及教师应具备的基本素质也随之变化。青年教师应当珍视每一次培训与提升的机会，以适应时代的需求。

在高等教育教师队伍的成长历程中，"老带新"模式扮演着不可或缺的角色，它是学校教育传承的纽带，也是教育事业发展的必然。实际上，每位老教师都乐于担当"导师"，助力青年教师成长。在"老带新"的过程中，青年教师应发挥主观能动性，若欣赏某位老教师的教学风格，不妨前去听课，从模仿起步，目标是站稳讲台。尤其对于初入职场的新教师而言，由于工作经验尚浅，教学经验不足，在学习老教师课堂教学的同时，还需注重反思与积累，通过对比发现老教师的长处，汲取可借鉴之处，同时思考自身可改进之处，以提升教学水平。新教师应虚心向老教师求教，这往往能取得事半功倍的效果。正如孔子所言："三人行，必有我师焉。择其善者而从之，其不善者而改之。"为充分发挥骨干教师的"传帮带"作用，实现"以老带新，以优促新"，助力青年教师更快更好地成长，我院实施了"薪火计划"，采用一对一的指导方式。

一个教师的成长，离不开公开课的磨砺。公开课不仅有学生参与，还有相关领导和其他教师的旁观，是教师展现教学能力、交流教学心得的绝佳契机。当然，也有教师持不同见解，视公开课为"表演课"，认为其对日常教学助益有限。公开课能否真正成为提升教学水平的"法宝"，关键在于教师的自我定位与态度。为此，教师应做到：课前精心雕琢，课中自然施教，课后深刻反思。精心雕琢课程，意味着教师对教材的深入理解、对教学内容的灵活处理以及对教学流程的科学设计。在此过程中，教师不断自我否定、超越，从而使教学观由片面模糊趋向全面清晰。

教师不应将公开课视为"秀场"，而应专注于教学的真实体验与学生的即时反馈，避免过分在意观摩者的看法，带着沉重心理负担。应将公开课视作一次研究探索、实践尝试的机会，一个促进自我专业成长的过程。课后，教师应积极反思，主动征询同行意见，并做好记录。同时，自我审视：课堂氛围是否融洽？学生有何收获？自己通过此次公开课有何进步？还有哪些提升空间？等等。

教学比赛对青年教师成长尤为重要。以我个人参加的教学标兵比赛为例，参赛者均为经过层层选拔的佼佼者，经验丰富，课堂掌控力强。相比之下，我因缺乏竞赛经验而略显不自信，畏惧与高手同台。但冷静思考后，我意识到教学比赛重在参与、享受过程，以平常心对待，参与本身就是一种收获与成长，失败乃成功之母。悟透此理，比赛时我心境平和。我坚信，只要坚持不懈、信念坚定，每个人都能成为自己心中的优秀教师。所有青年教师都应为梦想不懈奋斗，无愧于心。

同时，教学比赛是对教师教学能力与水平的一次全面检验与提升。赛前，教师会全力准备，主动求教于优秀教师；赛后，也会虚心听取意见，寻求进步。因此，教学比赛不仅能平和心态、锻炼勇气、激发斗志、提升教学水平，还能让教师的努力与才华得到更多认可，既是机遇也是挑战。

无论是完成日常教学任务、公开课还是教学比赛后，教师都应及时进行教学反思。在反思中寻求进步，在实践中勇于创新。教学反思涵盖两大方面：一方面，它是教师由感性至理性，对自身教学活动进行全面审视的过程。通过反思教学观念、方法、过程及效果等，教师能发掘自身优势，正视并改进不足，从而成长为一位清醒且理智的教学实践者。若教师仅专注于教学而忽视反思，其教学水平恐将止步于"普通型"教师层面，难以晋升为"骨干型"教师。另一方面，教学反思促使教师对教学理论、方法及学习主体进行再思考与再认识，并据此及时更新教学观念。美国心理学家波斯纳曾提出教师成长公式：成长＝经验＋反思。缺乏反思，教学便沦为单调重复的劳作，既无进步可言，更无从谈及创新。唯有通过教学反思，教师方能积累宝贵经验，提升教学能力，并对后续教学行为产生积极影响。教师应勇于超越自我，正如英国作家罗勃朗宁所言："人应勇于攀登超越能力之巅，否则，天空的存在便失去了意义。"从普通教师迈向优秀教师，成长之路永无止境，实则是一个不断自我超越的历程。教师超越自我，需明确方向、锁定目标，从做好本职工作的每一件小事做起。教师应正确定位自己，认知不足，学会团队协作，并在坚定信念的引领下，持之以恒、日积月累地取得进步。思想是行动的指南，知识老化可通过学习来弥补，而观念老化则易导致墨守成规、固步自封。因此，教师更新教学理念、创新教学方法、提升教学实效显得尤为重要。为深入贯彻习近平总书记关于教育的重要论述，落实立德树人根本任务，进一步践行以人为本理念，推动教学创新，推进课程思政，强化学习共同体，提升教师教学能力，学校特举办教师教学创新大赛，青年教师应积极参赛，即便未能参赛，也应前往观摩学习，积累经验，为未来参赛及自我提升做好准备。

"悦"读不仅意味着阅读，更是一种享受阅读的过程。普希金曾言："读书是最好的学习，追随伟大人物的思想，是一件富有趣味的事。"教师，作为人类灵魂的工程师，更需广泛涉猎、精读佳作。苏霍姆林斯基强调："读书，读书，再读书，教师的教育素养正源于此。应将读书视为第一精神需求，如同饥饿者渴求食物一般。"教师的成长之路虽多，但最为持久且扎实有效的途径无疑是读书。甚至有观点提出，教师应是"职业读书人"，这足见读书与教师成长紧密相连，教师阅读具有不可替代的专业价值。教育是面向未来的事业，教师若不阅读，何以培养出热爱阅读的学生？教师缺乏自主学习的意识，学生亦难以形成终身学习的习惯。正如古人云："学而不思则罔，思而不学则殆。"教师不仅要热爱阅读，更要学会思考。富兰克林亦说："读书是易事，思索是难事，但二者缺一不可。"教育旨在培养未来的社会栋梁，思想和观念的转变殊为不易，教师需"站在巨人的肩膀上"眺望远方，而书籍正是教师攀登高峰的阶梯。教育并非空谈浮夸、浅尝辄止之事，而是一种良知的守望，春华秋实，耕耘与收获并存。回顾从教生涯，欢乐与辛酸交织，收获与遗憾同在。教师的成长，需要积累、需要指引、需要与时俱进；教师的成长，需默默耕耘、专心致志、勇敢前行。最佳的奋斗时机是十年前，其次是此刻。回望过往，坚定信念，再次扬帆起航！

刘雅简介：中共党员，任计算机学院医学信息工程教研室副教授，同时获江西中医药大学教学标兵称号，担任该教研室专职教师。多年深耕教学一线，积累了丰富的教学改革与教学经验。曾主持江西省高等学校教学改革研究重点课题、江西省教育科学"十四五"规划课题以及江西省卫生厅中医药科研课题等多项研究，并发表多篇关于教学改革的论文。此外，还成功主持完成了江西中医药大学首批"课程思政"研究课题（《计算机基础》），并担任该校第二届教学团队"双分互动目标"教学法团队的负责人。

刘雅代表性成果

一、荣誉及获奖

1. 2017 年江西中医药大学第六届教学标兵。

2. 2021 年江西中医药大学优秀共产党员。

3. 2021 年江西中医药大学"永远跟党走"微党课一等奖。

二、代表性成果

1. 刘雅. 形成性评价与终结性评价联合应用实践与思考——以《计算机基础》课程为例. 高教学刊，2019（23）：70 – 71.

2. 刘雅. 在线形成性评价系统平台应用研究——以《计算机基础》课程为例. 天津教育，2019（7）：80 – 81.

3. 郑先平，吴超男，童潇，等. 全域化视角下医疗保险门诊费用异地结算政策完善思考. 中国卫生经济，2021，40（10）：35 – 38.

三、主要课题

1. 江西省教育科学规划课题 – 规划项目，江西省红色文化教育信息资源建设策略研究（21YB150），省级，主持在研。

2. 江西省高等教育改革课题（重点），在线形成性评价系统平台的搭建—以《计算机基础》课程为例（JJXJG – 17 – 12 – 2），省级，主持完成。

3. 江西省卫生和计划生育委员会 – 中医药科研课题，基于灰度图像的颗粒状中药表面缺陷静态检测技术研究（2014A046），厅级，主持完成。

学生眼中的杨建梅老师：在学业上，大梅老师对我们要求极为严格，每个学期初都会精心制定学习目标，并持续督促我们直至完成。然而，在生活中，她却展现出极为开朗的一面，与我们亲密无间。她热爱旅游，每到一处必给我们寄来明信片，课程结束时还会赠送我们小礼物，满载惊喜，让人心生暖意。节日时分，她更会亲自前往寝室，为我们分发月饼和粽子，生怕我们感到孤单。此外，她还乐于与我们一同打游戏，真是位可爱至极的大梅子老师。

——2016级中医3班团支书　邓晨薇

颁奖词：士不可不弘毅，任重而道远。她甘为文化使者，连接古今，沟通中外，让汉语之花在异国他乡傲然绽放。她的爽朗豪放与风趣幽默，使大梅老师在学生心中留下缕缕梅香，久久萦绕。

牢记使命　致力推广中医传统文化

——"教学标兵"杨建梅老师的成长之路

一、荣获"教学标兵"称号

6月12日，喜讯传来，杨建梅老师获得江西中医药大学第六届教学标兵称号，成绩位居第四。为提升教师课堂教学能力，江西中医药大学已连续六届举办教学标兵遴选课堂教学比赛。在此背景下，杨建梅老师勇往直前，成为科技学院首位获此殊荣的教师。

杨建梅老师的课堂总是充满活力，活动多样，深受学生喜爱。她独创的"擦黑板三秒记忆生词法"更是赢得了学生们的广泛赞誉。她表示，最大的心愿是让汉语之花在全球绽放，让世界见证中医传统文化的魅力。

据悉，本届教学标兵遴选工作自启动后，分为三个阶段：初选确定候选人，复评审核教学方案设计书、讲稿、多媒体课件等，决赛则通过课堂教学比拼，包括初赛和决赛环节。在5月12日的初赛中，杨建梅老师讲授的是对外汉语课程，面对来自全球各国的留学生，他们思维多元，文化差异显著，课堂管理颇具挑战。然而，杨老师通过精心导入和趣味生词游戏，课堂氛围极为活跃。她以小组形式引导学生自行讨论设计对话，互动效果显著。最后，以一首《打电话》歌曲巧妙融合知识点与趣味性，将课堂氛围推向高潮，最终以第八名的成绩晋级决赛。

6月12日的决赛尤为激烈，选手们需现场从31个章节中抽签确定授课内容，这无疑极大地提升了比赛的挑战性，同时也考验了教师们的临场应变与授课能力。为确保评判的公平公正，决赛评委由教学院（部）的教师与在校学生中随机抽签选出，共计50位教师评委与50位学生评委，他们现场评分并即时公布结果。

在决赛中，杨建梅老师表现镇定自若，超常发挥。她抽中的章节是《当代中文》的第十九章，内容聚焦于汉语中的可能补语这一难点。尽管该语言点颇为复杂，但她却巧妙地将知识点与中国传统文化相结合，使得讲解生动有趣。现场教学中，一段学习武术的小插曲逗得师生们捧腹大笑，随后的踢毽子比赛更是将气氛推向高潮，竞争激烈而又不失欢乐。这样的教学方式不仅传授了汉语知识，还有效地宣传了中国传统文化。

最终，杨建梅老师凭借出色的表现获得教学标兵称号，取得了第四名的优异成绩。

二、勤奋刻苦钻研，夯实专业功底

杨建梅同志之所以能取得如此优异的成绩，与她平日的积累密不可分。自大学时期起，她便致力于培养良好的学习习惯，在担任学生会主席、全方位锻炼自身能力的同时，还精心策划并组织班上同学参与每周一次的英语角活动。她会预先做好周全准备，妥善协调外教与学生间的各项事宜，使得英语角活动日益受到同学们的青睐。步入研究生阶段后，杨建梅同志更是以刻苦勤奋的态度钻研学术，在研一期间便已主持多项校级、省级课题，并荣获三好研究生、优秀学生干部等诸多荣誉。她的硕士导师李勇忠教授评价道，在班级中，她乐于助人；在学习上，她严谨自律，稳扎稳打，不断夯实学术基础。2013年毕业后，杨建梅同志随即加入科技学院人文系，担任英语教师。初来乍到，面对诸多未知，她总是虚心向同事和领导求教，工作上兢兢业业，常能看到她在教室旁听其他老师授课的情景，对于可取之处，她会认真记录，悉心领悟。

三、精心打磨准备，上好每一堂课

杨建梅老师常言，学生既已付费并投入时间来学习，作为教师，就应倾囊相授，将最精华、最丰富的知识内容传递给学生。她强调，教师的天职在于精心筹备，确保每节课都质量上乘。成功的背后，无不是无数次重复练习与再提升的累积。回想起初次登台授课，杨老师也如同众多新晋教师一样，内心交织着紧张、胆怯与激动，既担心自己无法胜任，又对这次历练的开端充满期待。

初登讲台时，她难以把握学生的心理，也不擅长营造课堂氛围，尤其是面对大学综合英语这一公共课程，确保学生的出勤率与专注度尤为艰难。更令人头疼的是，她难以及时洞悉学生的学习需求与重难点所在，常感课程结束后自己讲得口干舌燥，而学生依旧一脸茫然。面对这些挑战，杨老师开始寻求突破。她几乎每日旁听其他老师的课程，将值得借鉴之处记录下来，融入自己的教学之中。课间，她与学生亲切交流，融入他们之中，这对了解学生的心理状态大有裨益。

此外，她还充分利用英语学科组集体备课的机会，虚心向经验丰富的老师请教，标记出每一章节的重点难点，并积极思考教学设计与互动环节，与其他老师深入交流。在理论工作准备充分的基础上，她主动找到各班的班干部，每晚进行试讲，听取他们的意见与建议，将理论与实践紧密结合，同时也逐渐克服了站上讲台的胆怯心理。

正是通过这些不懈的努力与尝试，杨建梅老师才取得了今天的优异成绩。如今，她不仅专注于课堂教学，更致力于提升学生的英语学习兴趣。她独创的"擦黑板记忆三秒生词法"帮助众多学生解决了背单词的难题。课堂上，她不仅教授英文歌曲，还组织学生表演英语话剧，让学生们在享受中学习英语，仿佛置身于一场英语盛宴。

四、牢记使命，致力于推广中国传统文化

杨建梅同志不忘初心、牢记使命，于2015年4月踏上了前往韩国进行汉语教师志愿服务之旅，致力于推广中国传统文化，让世界瞩目中国。志愿服务期间，她积极参与韩国堤川生物博览会，现场展示书法、国画、茶艺等活动，并辅助江西中医药大学教师团队开展热敏灸体验服务，吸引了

众多韩国市民前来体验。此外，她还热心推广江中集团产品免费品尝活动及企业技术交流与商务洽谈活动，向当地市民详细介绍江中猴菇饼干、江中健胃消食片等多种产品的用法与功效，激发了外国友人对江中集团产品的浓厚兴趣。

杨建梅老师不仅致力于中医传统文化的推广，更专注于汉语教学工作。她指出，尽管许多国家已开始认识到学习汉语的重要性，但缺乏正规系统的汉语教师仍影响学生的学习效果，甚至当地学校的中文专业也主要由本土教师授课。因此，她承担了汉语初中高级课程、旅游汉语、商务汉语等多门课程及 HSK 考试辅导等工作。在她的指导下，一名学生在第十五届汉语桥比赛中取得了优异成绩。这位韩国学生曾就读于国际学校，回国后自学中文进步有限。但在杨建梅老师的悉心教导下，他的写作和口语能力均大幅提升，尤其是纠正了许多常见的口音问题，令其受益匪浅，感激万分。面对这些成绩，杨建梅老师谦逊地说："士不可以不弘毅，任重而道远。"

杨建梅同志于 2019 年 10 月再度背起行囊，肩负崇高使命，前往英国伦敦大学金史密斯舞蹈与表演孔子学院，继续致力于中国传统文化的推广。在伦敦金史密斯孔子学院，杨建梅同志主要负责教授社会成人班，这些课程通常在晚间进行，同时还参与了与首都师范大学合作的学分课程教学。社会成人班的学生大多出于对汉语的兴趣或工作需求，利用业余时间充实自己。针对这类学生，杨建梅老师通过激发其兴趣及积极的课堂互动取得了良好效果，每次课后都会布置应用性和创新性的作业，如观看中文电影、学习中文歌曲、讲述中文小笑话、搜集话题资料等，让学生们在下次课上充分展示个人见解，锻炼口头表达能力。而学分课程则对学生的汉语水平要求较高，尽管部分学生已在大三时前往首都师范大学交换学习一年，亲身体验了中国文化，但仍有部分基础薄弱的学生，尤其在汉字学习方面提升不明显。他们在中国的交换学习中，口头表达和听力能力虽有显著提升，却忽视了对汉字的学习。鉴于此，杨建梅老师精心设计了汉字联想法，如探究"矢"字背后的小故事及其如何衍生至其他汉字，帮助学生迅速掌握汉字，留下深刻印象，学生的反馈高度认可，对汉字的认识和理解有了很大进步。

2020 年初，正值疫情初期，杨建梅同志迅速响应，协助孔院组织了一系列"大爱无疆"抗疫主题活动，包括为武汉疫情严重的一线医院募捐善款、创作抗疫艺术短片《大爱无疆》、策划牛津艺术节慈善义演、组织伦敦市民参与公益工作坊与跨界展览等。金史密斯孔子学院全体人员筹集善款后，第一时间驰援前线，很快便收到了华中科技大学同济医学院附属同济医院的感谢信。公益短片《大爱无疆》以艺术之名，传递公益之心，致敬全球为抗击新冠病毒付出大爱的人们。短片发布后反响热烈，当日即被国家汉办总部转载，中国驻英国大使馆官方微信公众号与推特也迅速推广，此后新华社、人民网、中国艺术报、中国文化报、北京日报、英中时报、欧洲时报等 34 家媒体均进行了全面报道。上述单位与媒体的专访、转载与报道广受中英两国人民关注，积极为全球抗疫发声，进一步提升了孔院的影响力。

五、结语

勤奋刻苦地钻研，夯实自身的专业功底；精心打磨每一堂课的准备，力求完美呈现。这便是普通人民教师杨建梅同志所秉持的人生信条。她始终如一地坚守着这一信念，从未有过丝毫动摇，更怀揣着为教育事业作出更大贡献的热切期望。

杨建梅简介： 女，讲师，主讲大学英语、雅思听说以及初中高级汉语等课程。她分别于 2015 年和 2019 年被派往韩国世明大学孔子学院及英国伦敦大学金史密斯孔子学院，负责对外汉语相关工作。在此期间，她获得了国家汉办颁发的"优秀汉语教师"称号，并在 2016 年国家汉办举办的"不忘初心"摄影大赛中获得优秀奖。从教数年来，她以灵活新颖的教学形式、细致生动的教学内容以及幽默风趣的教学风格，深受学生喜爱。

她先后荣获校级第六届"教学标兵"称号和"十佳青年"称号，其志愿服务故事征文阅读量近千万。在指导学生参赛方面，她多次带领学生在英语大赛中获奖。此外，她还积极投身于科研工作，主持省部级课题 2 项、省级课题 5 项、校级课题 4 项，并参与省部级课题 1 项、省级课题 4 项、校级课题 6 项，发表学术论文 20 余篇。

杨建梅代表性成果

1. 2014 年在江西中医药大学科技学院青年教师教学比赛荣获二等奖。

2. 2014 年在江西中医药大学科技学院优秀教案、讲稿评比中荣获优秀奖。

3. 2014 年在江西中医药大学科技学院"三爱三节"演讲中荣获三等奖。

4. 2015 年在韩国世明大学孔子学院工作，荣获优秀志愿者教师称号。

5. 2016 年国家汉办摄影大赛不忘初心荣获优秀奖。

6. 2017 年在江西中医药大学第六届教学标兵比赛中荣获教学标兵称号。

7. 2018 年荣获江西中医药大学科技学院十佳青年称号。

8. 2020 年荣获外研社教学之星大赛全国复赛一等奖。

9. 2020 年荣获江西中医药大学第三届微课设计与制作大赛一等奖。

10. 2021 年荣获国家汉办国家公派教师优秀汉语教师称号。

学生眼中的吴寒斌老师：古之学者必有师，师者之心，更胜慈母，慈严并济，言传身教，笑看桃李满园春。在大学时光里，吴寒斌老师首先担任了我的发展心理学与人格心理学课程的讲师。课堂上，吴老师总是以微笑示人，用幽默风趣的语言传授专业知识，并时常穿插个人实践经历，赋予我们课堂之外的深刻人生启示。其次，吴老师还是我的班主任，无论是学习上的疑难，还是生活中的琐事，他总是耐心倾听，竭力为同学们排忧解难。同时，作为我的毕业论文指导老师，吴老师秉持着一丝不苟的治学精神，对课题研究与论文撰写均要求严格，力求完美。在我心中，吴老师不仅是一位杰出的教育工作者，更如同一位慈父。考研期间，吴老师时刻关注我们的心理状态，适时给予每位考研学子最大的鼓舞与支持。"功成不必在我，甘愿为人梯！"这句话，正是对吴老师最贴切的描绘。

——18级应用心理班　罗沐涵

颁奖词：自农村步入城市，自专科攀登至博士，他以青春的时光守望使命，用奋斗的精神拥抱生活。沿途走来，光阴匆匆，无论是荣耀加身还是艰难坎坷，无论是尘世喧嚣还是内心宁静，他始终保持着冷静的头脑，怀揣着不灭的梦想，乐观而坚定，执着地向前迈进！

做一只永不停步的蜗牛

——"教学标兵"吴寒斌老师的成长之路

第三十个教师节时,习近平总书记在北京师范大学与师生座谈,再次为优秀教师树立了"四有"新标杆,即"有理想信念、有道德情操、有扎实学识、有仁爱之心",为成为合格的人民教师指明了方向。教育源于爱,教学则是一门需持续探索与创新的艺术。为了更好地致力于教育教学事业,吴寒斌老师坚守终身学习的信念,紧贴"四有好老师"的新要求,与时俱进地学习教育理论,不断探索教学模式,深入研究教学方法。他积极进取,不懈努力,犹如一只永不停步的蜗牛,以身作则、以爱育人,用实际行动奋力迈向新时代合格"四有好老师"的行列。

一、不忘初心,投身人民教育事业

1996 年,23 岁的吴寒斌老师,带着青涩面容与满腔热忱,自大学毕业后,被分配至他的家乡江西省彭泽县黄花中学——一所乡镇中学,担任初一(4)班的班主任及英语教师,光荣地踏上了人民教师的征程。在家乡基础教育的岗位上,由于自身出身农村,吴老师深刻感受到农村孩子求学的不易。他怀揣着对学生深厚的爱,以极大的热忱与饱满的激情投身于教学与班级管理之中,秉持"一切为了学生,为了一切学生,为了学生的一切"的理念,成了孩子们的良师益友。从清晨第一缕阳光下带领孩子们跑步早操,到夜晚披星戴月、风雨无阻地前往学生寝室查房;从学校的日常授课到课后深入乡村家访,劝返辍学学生,吴老师始终勤勉尽责,寒暑无休,全身心投入家乡的教育事业,赢得了学校领导的高度赞誉以及家长和学生的广泛好评。"学高为师，身正为范"，吴老师深知言传不如身教，在勉励学生勤奋学习的同时，自身也不断追求进步，从未停下求学的脚步。他从专科起步，通过成人高考专升本获得本科学历学士学位，继而考取硕士研究生继续深造，入职高校后，又攻读并获得博士学位。这一路走来，艰辛与挑战并存，奋进与成就同在，从专科到博士的历程，彰显了吴老师坚持不懈、永不言败的求学精神。经过漫长而艰难的求学之旅与持续不懈的努力，吴老师逐步成长为江西中医药大学人文学院心理学教研室的专业教师，现任博士、教授，第六届教学标兵，中医文化学学术型硕士生导师、应用心理学专业型硕士生导师，并受聘于教育部学位评估中心担任硕博论文评审专家、江西省教育科学"十四五"规划基金项目评审专家、江西省卫生健康委员会家庭健康促进行动省级专家，同时兼任中国老年学与老年医学学会老年心理学分会委员、中国中西医结合学会心身医学专业委员会委员、中华医学会行为医学预防学组委员等职务。在长达 26 年的教学生涯中，吴老师始终怀揣着对教育事业的热爱与对学生的深情关怀，肩负着为党育人、为国育才的使命与责任，坚守教育为本、德育为先的原则，致力于成为学生的引路人与贴心人。他坚持教研并重、以研促教，勇于探索教育教学改革的新路径与人才培养的新模式。吴老师牢固树立终身学习的观念，持续学习、不懈进取，始终坚持以生为本，全心全意投入人民教育事业，努力成为本科教育的示范者、教研相长的践行者以及社会服务的奉献者，取得了显著的成绩，赢得了学校、学院领导、师生以及社会服务对象的一致赞誉。自 1996 年至 2022 年，26 年间，学生如流水般更迭，许多场景已物是人非，但吴老师对教育的挚爱、对学生的关怀以及对社会的深情厚谊，始终如一，未曾改变。

二、牢记使命，做学生的引路人

立德树人是高等院校的根本办学任务，教书育人则是教师的神圣使命。作为中共党员和高校教师，吴寒斌老师深刻认识到"培养什么人、怎样培养人、为谁培养人"是高等教育必须首先明确回答的根本性问题，而培养合格的"社会主义建设者和接班人"是高校立德树人的核心目标。因此，他始终坚定正确的政治方向，坚守政治立场，不忘执教初心，牢记育人使命，引导学生扣好人生的第一粒"扣子"，做好学生的引路人。在日常工作和生活中，他自觉树立"政治意识、大局意识、核心意识、看齐意识"，以实际行动践行"两个维护"，确保在思想和行动上同党中央保持高度一致。在实际教学中，他秉持"育人为本、德育为先"的理念，积极引导青年大学生牢固树立"中国特色社会主义道路自信、理论自信、制度自信、文化自信"。他坚定的政治信念、平易近人的态度以及幽默风趣的教学风格，赢得了学生们的喜爱，被亲切地称为"斌叔"。吴老师还十分重视大学生思想政治教育教学研究工作，其主持的课题《指向心理认同的高校 TPII 思想政治教育教学有效性提升研究》获 2019 年度教育部人文社会科学基金项目立项，成为当年江西省获批的两项教育部人文社科项目之一。此外，他主持的教研成果《基于"目标·过程·互动（TPI）"模式的高校德育评价研究》获江西中医药大学第十六批教学成果二等奖。

三、以爱执教，做学生的贴心人

爱是教育的灵魂，没有爱就没有教育。吴寒斌老师对此深以为然，他最喜欢鲁迅先生的名言："教育是根植于爱的。"自从事教育工作以来，吴老师始终热爱教育事业，无论是初为中学教师，还是后来成为大学教师，他始终以满腔的热情、踏实的态度投身于教育教学工作中。从中学时期的备课上课、作业批改、查寝家访、关爱困难学生、劝返辍学学生，到大学时期的专业教学、班主任工作、帮助困难学生、关心学生思想生活，吴老师始终将学生的利益放在首位，坚持以学生需求为出发点，以爱执教，尊重学生的身心发展特点和认知规律，尊重学生的主体性，努力成为学生的良师益友和贴心人。

在担任高校班主任期间，吴老师经常主动了解学生的思想状况和特殊需求，并积极提供帮助。一次，吴老师在食堂发现班上一位同学每餐只打一个素菜，且身体瘦弱。他主动了解到该同学家庭经济困难，母亲独自承担两个孩子上学和家庭开支。吴老师积极协调，帮助该同学争取到勤工俭学岗位，并协助她申请国家助学贷款，减轻了家庭负担和心理压力。另一次，班上一位同学出现严重心理问题，情绪波动大，甚至流露出轻生倾向。吴老师深感事态严重，立即向学院领导汇报，并与辅导员沟通。他主动与该同学面对面交流，认真倾听其心理困扰，以共情和平等的态度获得信任。随后几天，吴老师保持与该同学的线上沟通，并联系专业心理咨询师进行干预。最终，在大家的共同努力下，该同学情绪逐渐稳定，心理状态恢复正常，避免了可能的恶性事件。还有一位同学因考试作弊被取消学位证书，情绪低落，甚至可能做出过激行为。吴老师多次与她谈心，帮助她认识到可以通过攻读硕士学位来摆脱困境。经过耐心细致的思想工作，该同学重新振作，发奋考研，最终成功考取应用心理专业硕士研究生，开启了人生新篇章。得知被录取的消息，该同学第一时间激动地告诉吴老师，这让吴老师深感自己的工作价值和成就感。

四、爱岗敬业，做以本为本的示范者

"其身正，不令而行；其身不正，虽令不从。"教师，被誉为太阳底下最光辉的职业，学高则为人师，身正则成其范。教师的言行举止，往往塑造着学生的风貌。学生在聆听教师教诲的同时，更会细致观察其行为表现，故而教师的"身教"之效，往往胜于"言传"。

在实际工作中，吴老师始终遵循新时代"四有"好老师的标准，严于律己，爱岗敬业，积极进取，终身学习，勤于修身，以实际行动为学生树立榜样。教学方面，他坚守本科教学的核心地位，秉持"终身学习"的理念，坚持德育为先，在平凡的教学岗位上，高效且超额完成了本科教学任务，并于2014年、2017年、2018年、2019年及2020年在单位年度考核和绩效考核中五次荣获"优秀"称号。

在 2011 年至 2014 年攻读博士期间，吴老师仍勇挑重担，承担了 6 门本科课程和 1 门研究生课程，年均课时高达 463 节次。他以学生为中心，亲和力强，近七个学期内六次被学生评为班级最佳教师。此外，他还荣获了 2012 年本科生毕业论文优秀指导老师称号，2013 年第六届教学多媒体课件设计比赛一等奖，2014 年青年教师教学能力比赛三等奖，2017 年第六届"教学标兵"荣誉称号。同年，他主持的课程获批江西省精品在线开放课程立项，并成为江西省学分共享互认课程，供全省试点高校大学生在线选课。2018 年，他获得江西省高校课程育人共享计划项目，并在学校第十四届教学活动月上荣获课程思政案例设计大赛一等奖和教学微视频制作大赛一等奖。2020 年，他主持的精品课程被评为江西省线上线下混合式教学一流本科课程。

研究生培养上，吴老师宽严相济，严格按照导师作为研究生培养第一责任人的要求，既密切关注研究生的思想动态，又悉心关怀他们的学习生活；在学习上严格要求，在做人做事上则悉心指导，所指导的研究生多次荣获省级研究项目立项及校级优秀硕士毕业论文奖。因其卓越的工作表现，吴老师被评为优秀硕士研究生指导教师。

五、投身科研，做教研相长的实践者

作为一名高校教师，除了致力于提升教学质量外，还需积极投入科研工作，方能实现教研相长。因此，在科研领域，吴寒斌老师始终秉持科研服务于教学、服务于社会的理念，紧密围绕教学与社会的实际需求，着重于科研成果的应用与转化。近年来，针对高校德育评价实践中存在的问题与偏差，吴老师深刻认识到大学生思想政治教育中应重视青年大学生的心理认同问题，并提出了"目标·过程·互动·认同（TPII）"四位一体的思想政治教育创新模式。基于此，他相继成功申请了江西省教育科学规划项目及江西省高校教改项目，发表了一系列学术论文，并荣获学校第十七届教学成果一等奖及第十六届教学成果二等奖。在此坚实基础上，吴老师

申报的课题"指向心理认同的 TPII 高校思想政治教育教学有效性提升机制研究"也顺利获得了教育部人文社科项目的立项。此外，吴老师还紧密结合校本特色，聚焦于"健康中国"与积极应对人口老龄化国家战略，坚持科研成果服务于地方发展的原则，积极推动校地合作。其科研成果《基于中医治未病的老年人"身心一体化"健康管理优化方案的研究咨询报告》已被湾里区卫生健康委员会采纳。在担任现职期间，他主持了省部级以上课题十余项，发表学术论文五十余篇，出版专著一部，并主编、副主编了国家卫生健康委员会"十三五""十四五"规划教材等，多篇论文在国内外优秀论文评选中斩获殊荣。

六、践行宗旨，做社会服务的奉献者

不忘初心、方得始终。我们党的初心与使命，乃是为中国人民谋幸福、为中华民族谋复兴。身为高校教师，不忘初心，即意味着时刻铭记为国育才、为党培养接班人的重任，不忘培育社会主义建设者和接班人的初衷，不忘为人民服务、为社会贡献的初心。纸上得来终觉浅，绝知此事要躬行。吴寒斌老师深谙此理，他谨记学校"服务国家改革发展，推动中医药事业前行，助力地方经济繁荣与社会全面进步"的办学宗旨，于教学与科研之余，凭借自身专业优势和研究方向，发起并组建了"中医心理文化进社区志愿服务队"。他带领学生走进社区，贴近群众，广泛开展志愿服务活动，宣扬中医药文化及心理健康养生知识，引导学生将学术成果应用于实践，将服务送至群众心间，携手学生共赴社会实践的广阔天地，成为社会服务的中坚力量。

近年来，吴老师以青年筑梦之旅、大学生三下乡社会实践、中医心理文化进社区志愿服务等多种形式，引领学生深入学校扶贫结对的中院村、青山湖百花洲社区、湾里区幸福社区、红谷滩鹿璟名居社区，以及远赴温州市、四川省等地的偏远地区，开展社会服务活动，赢得了社区居民的广泛赞誉与热烈欢迎。正如那句古老的东方谚语所言："能翻越金字塔者，

唯雄鹰与蜗牛耳!"雄鹰凭借强健的羽翼翱翔天际,而蜗牛则以不屈不挠的意志、坚韧不拔的勇气和持之以恒的努力,同样能攀至金字塔之巅。谈及自我定位,吴寒斌老师感慨道:"教育不仅是职业,更是爱与奉献的艺术。我虽无雄鹰之翼,却愿做那只永不停歇的蜗牛,朝着立德树人的高峰坚定迈进,在履行'传道、授业、解惑'的教师天职中,实现自我价值!"

吴寒斌简介:教授,博士,硕士研究生导师,现任江西中医药大学人文学院心理学教研室专业教师。担任国家卫生健康委员会"十四五"规划教材《发展心理学》副主编、教育部学位中心特聘硕博论文评审专家、江西省教育科学规划基金项目评审专家、江西省卫生健康委员会中医药科技计划项目评审专家、江西省卫生健康委员会家庭健康促进行动省级专家、《现代医学卫生》杂志审稿专家等职务。学术兼职包括中国老年学与老年医学学会老年心理分会委员、中国中西医结合学会心身医学专业委员会委员、中华医学会行为医学分会专业委员会预防学组委员等。作为江西省一流本科课程"心理科学与心理健康"课程负责人,成功获批江西省精品在线开放课程、江西省高校课程育人共享计划项目等3项省级精品课程。长期致力于发展心理学、人格心理学、医学心理学、大学生心理健康教育等课程的教学与研究,教学经验丰富,风格风趣幽默,亲和力强,多次被学生评为班级最佳教师,并荣获学校第六届"教学标兵""优秀硕士研究生指导老师"等荣誉称号。研究兴趣广泛,尤其关注儿童社会性成长、家庭教育、亲子沟通、人格发展、老年心理等领域。近年来,主持教育部人文社科基金、江西省教育科学规划项目、江西省高校教学研究改革项目等国家级和省部级以上项目10余项,主编或副主编国家卫生健康委员会"十三五""十四五"规划教材、全国高等学校应用心理学规划教材等国家级教材6部。在国际国内核心刊物上发表高质量论文30余篇,多篇论文在国际和国内会议上交流并获奖。

吴寒斌代表性成果

代表性精品课程与科研课题

1. 江西省线上线下混合式一流本科课程，2020 年，江西省教育厅，课程负责人。

2. 江西省省级精品在线开放课程，2017 年，江西省教育厅，课程负责人。

3. 江西省高校课程育人共享计划立项课程，2018 年，江西省教育厅，课程负责人。

4. 主持教育部人文社科项目：指向心理认同的高校 TPII 思想政治教育教学有效性提升研究。

5. 主持江西省教育科学"十三五"规划项目：中医五态人格类型与留守儿童正性特质相关研究。

6. 主持江西省文化艺术科学规划项目：中医心理文化融入社区老年人健康管理与服务研究。

7. 主持江西省高校党建项目："网格化"高校学生党建工作模式的探索与实践研究。

8. 主持江西省高校教改项目：后 MOOC 时代 SPOC 深度学习模式的构建与实践——以《心理健康教育》为例。

9. 主持江西省高校人文社科研究项目："医养结合"背景下社区老年人"心身一体化"健康管理方案的优化与实践。

代表性著作与教材

1.《永远的生命线》。

2《心理学与谈判策略》。

3.《发展心理学》（人民卫生出版社，副主编）。

4.《医学心理学》（协和医科大学出版社，副主编）。

5.《发展心理学》（光盘）（人民卫生出版社，主编）。

代表性核心论文

1. 吴寒斌，高虹. 课程思政教学设计的文化理念与基本原则. 黑龙江高教研究，2020（10）：152－155.

2. 吴寒斌．国外老年人生活空间概念、理论模型及评估工具研究进展．护理研究，2020，34（14）：2482－2485.

3. 陈伟嘉，吴寒斌．关系流动性对老年人生活质量的影响：社会支持和生命意义感的链式中介作用．中国健康心理学杂志，2022，30（2）：186－190（通讯作者）.

4. 吴寒斌，高虹．现代化国际化背景下中医思维特色刍议．中华中医药杂志，2018，33（1）：30－32.

5. 吴寒斌，高虹．试论中西医哲学思维模式的分野与整合．医学争鸣，2014，5（3）：23－27.

6. 吴寒斌，高虹．过程式评价——德育评价创新的一块基石．教学与管理，2014（6）：11－13.

7. 吴寒斌，高虹，胡松．井冈山时期中共保持党的纯洁性的探索及其当代价值．学校党建与思想教育，2012（26）：4－6.

8. 吴寒斌，高虹．高校德育工作中的主动倾听．教育评论，2012（3）：81－83.

9. 吴寒斌，高虹．赢在终点：一种全新的评价理念．教学与管理，2011（17）：3－5.

10. 吴寒斌，陈勃．家庭教育对未成年人道德人格发展的影响．当代青年研究，2006（9）：73－75.

11. 吴寒斌，陈勃．激励在小学生、初中生家庭教育中的应用．当代教育科学，2006（1）：34－36.

学生眼中的余静老师：余老师温柔亲切、认真负责，治学态度严谨。她的课堂内容丰富，不仅限于课本知识，还时常为同学们拓展课外内容。她强调"在乐中学，学中乐"，讲课生动有趣、幽默风趣，鼓励学生发散思维、独立思考，让同学们在轻松积极的氛围中学习，深受学生喜爱。

——2016 级英语班　叶年华

颁奖词：她的柔声细语，如和煦春风，吹开每一颗求知的心灵；她的细心备至，似温情春雨，滋润每一棵成长的树苗。人们赞她"腹有诗书气自华"，她却说，三尺讲台育桃李芬芳，才是人生最华美的诗篇。

静坐听雨　静待花开

——"教学标兵"余静老师的成长之路

我的爷爷，余比德先生

关于童年的记忆，其实已经所剩不多。乡下老屋前潺潺的小溪，院子里挂满酸涩丑橘的橘树，与堂哥偷偷品尝的米酒，以及那挥之不去的中药房气息，构成了我零星的回忆。成年后，我曾数次向父亲询问，为何我的记忆中总有那股中药的香气，久久不散。父亲笑着回答："你那时不过五六岁，又能记得多少呢？"然而，每当我踏入中医院，空气中弥漫的中药味总让我感到无比熟悉与舒心，仿佛冥冥之中我与中医药有着不解之缘。

1996 年，我离开家乡前往武汉求学，老屋随后被售出，兄弟姐妹们虽时常提及，却再难有归途。再次邂逅"比德"二字，是在 2018 年的南昌新华书店。当时，我正独自翻阅《中华文化术语（汉英）》，书中"比德"一词跃入眼帘——意指将自然界中的万物，包括动植物的特性，比拟为人的美德。人比德于自然，是将自然物的某些特质与人的道德品格相联系。这一概念在文学审美领域，通常指以美好事物直接喻指高尚人格，将自然现象视为人类精神品质的象征，体现了儒家将审美与文艺道德化的思维方式。我瞬间激动不已，立刻在微信群中分享了对比德的解读，全家人纷纷加入，讨论热烈。

我抱怨自己的名字太过简单，不如爷爷的名字富有文化底蕴，埋怨父亲太过随意。小哥则为我辩护，说"静"字极妙，极符合我的性格，还提到侄女余思哲曾以《做一个有静气的人》为题参加比赛。大家轮流发表对名字的看法后，话题转到了对爷爷奶奶的回忆。谈论的大多是旧事，比如爷爷一生性情温和，即便是父亲儿时顽皮烧毁了家中的茅屋，他也未曾动手责罚。我们聊起至今仍亲如家人的长辈，他们是爷爷从小带大的徒弟，其中不乏孤儿与贫寒人家的孩子。还说起以前乞丐上门时，奶奶总会在堂屋角落摆张椅子，备好饭菜让他们安心享用后再离开。当然，也提到了奶奶晚年坚持独居老屋，展现了一位女性的独立精神。大家相约，无论多忙都要一起回家看看。

我妈常说，我们余家就像是一家永不倒闭的"不要紧"公司，四代人性格如一。或许吧，这就是家庭赋予我的底色——永远不争不抢，永远温暖善良。还有什么比这更重要呢？

刘红宁书记：你要甘坐 10 年冷板凳

2013 年春天，时隔多年后再回望，我才意识到那个春日的下午是英语专业的重要转折点。时任党委书记的刘红宁教授到人文学院调研，主题是学科建设与专业发展。人文学院主要领导、各专业负责人及学科组长均出席了会议。作为英语专业学科组的代表，我也参与其中并作了发言。自2006 年江西中医药大学英语专业招生以来，我便以教研室副主任的身份负责专业建设工作。从最初的 5 名教师、28 名学生，逐步发展为 8 名教师、46 名学生，一切从零开始，可谓筚路蓝缕，举步维艰。在此过程中，我积累了许多思考，也有许多话想说，并希望借此机会让学校领导帮助我们解决部分问题。于是，我有了职业生涯中第一次勇敢的表达。我直截了当地问书记：英语专业是否只是为学校更名充当垫脚石，更名后是否会停办？我紧盯着书记的眼睛，试图从他的反应中寻找答案。那一刻，我无暇顾及他人的看法，因为内心是真诚的，而真诚的力量是可以传递的。几秒钟后，书记被我认真的态度逗笑了，说道："当然不是。你想说什么，尽管说。"我还记得自己滔滔不绝地讲了将近半个小时，从人才培养目标到师资队伍建设，从课程体系到翻译实践，书记始终面带微笑地倾听，偶尔停下来做笔记，全程未曾打断。调研会结束两天后，学校一位处级干部打来电话，询问我究竟说了什么，并告诉我刘书记在会议上提到了一位英语老师的发言。我有些忐忑，担心自己是否说错了什么。又过了两天，学院领导通知我去刘书记办公室开会。我心中不安，甚至感到一丝后怕。会议在一个小会议室举行，包括学院领导在内共5人参加。刘书记开门见山地说："我觉得你说得对，英语老师需要转型，要成为具备中医药特色的英语教师。中医药大学的学生不仅要通过四六级考试，还要学习中医药英语。"我顿时放松下来，露出了笑容。刘书记接着问我："英语老师学习中医，是从研究生还是本科开始？"我回答："最好是研究生，这样有些人可能还能向博士学位努力。"刘书记点头表示赞同。后来，由于省里的相关政策限制，我们27名英语老师全部参加了成人高考，经过4年的学习，于2018年获得了中医学本科的学位证和毕业证。如今，我们这个团队不仅是全国人数最多的，也是唯一一支真正具备双证上岗资格的中医英语复合型教师团队，这为后来我们取得的项目奠定了坚实的基础。

2018年初夏，恰逢专业建设第12个年头，我萌生了申报教学成果奖的念头，想借此对前段工作进行总结。然而，内心总觉做得不够好，基础尚显薄弱，迟迟不敢付诸行动。看到我如此纠结，学院余亚微院长建议我去征求刘书记的意见。于是，我鼓起勇气，按照申报要求完成了第一稿材料。

上午十时许，我拨通了刘书记的电话，怯生生地问道：书记，我想申报教学成果奖，但不知该如何准备材料。刘书记简短回应：你在学院吗？我正好在教学楼，15分钟后到，看看你的材料。说罢便挂断了电话。我匆匆上楼向院长汇报，随后打印材料、准备会议室，全程心神恍惚——我对自己准备的材料并不满意，心中忐忑不安。

15分钟后，刘书记风尘仆仆地出现在人文学院。彼时他已退休，不再担任领导职务，却依然活跃在教学科研一线。刘书记与余院长看完我准备的材料，将材料放在一旁，对我说了一番话，令我至今难忘。

"我不教你怎么申报教学成果奖，也不教你怎么做材料，这些都可以学习。我要说的是，你要想清楚：你要培养的学生具备什么核心竞争力？与别的学校有何不同？为什么用人单位要用你的学生而不是别人的？你要回答这个问题。"刘书记继续说道，"做专业要沉得住气，要为中医药翻译培养人才，这并不容易。你要做好坐冷板凳的准备，可能是20年，至少是10年。治学不必着急，做专业也不必着急，坐稳冷板凳，不被繁华迷了眼，坚定目标走下去，随时保持清空自己的勇气。"

这是刘书记教给我的，无论到何时，我都不敢忘记。至今，我仍常去刘书记那里学习。无论何时拜访，刘书记总是称呼我为"余老师"。我想，还有什么比老师这个称呼更珍贵的呢？

叶耀辉处长：不能适应学生的老师是好老师吗？

2019年5月，第七届"教学标兵"比赛正如火如荼地进行中。经过全校遴选、教学方案设计书撰写评比及课堂教学复赛，这已是第三轮淘汰阶段。今日下午，即将揭晓8名决赛选手名单。我所教授的，是英语专业的基础课程——《综合英语》，这门课程我已深耕十二年之久，学生更迭不断，而我始终坚守于此。此番，是我荣获"标兵"称号后，第二次参与教学标兵比赛，也因此被视为决赛的热门人选之一。

当我步入赛场，面对二十位专业评委，从容开启PPT，按既定节奏展开讲述时，忽觉异样。英语课参赛，难点在于语言障碍可能导致专家难以理解，而优势则在于其强大的互动性。只要教学设计得当，学生互动积极，课堂氛围热烈，便能在一定程度上弥补语言障碍的劣势。然而，本次比赛规则有变，不允许携带自己的学生参与教学，而是随机抽取了二十名来自不同专业的学生配合。大约讲到第三分钟时，我心中一紧，预感不妙。尽管事先已知学生为非英语专业，已降低难度，但他们仍显困惑，显然未能理解。这反映出我久离公共英语教学，对课程内容难度的把握已不够准确。

我故作镇定，微笑继续，目光偶尔瞥向教室后排。那里坐着我的同事们，以及时任教学副院长的李涛安教授，他们的脸上同样流露出担忧之色。从学生与同事的神情中，我意识到问题严重。无奈之下，我决定冒险一试，果断采用中英文交替讲授的方式。事实证明，这一决定当即见效，学生逐渐领悟主题，开始互动。我再次看到学生脸上那熟悉的笑容，也听到了评委专家的笑声，我明白，他们懂了。

最终，我以小组第七的成绩，勉强晋级决赛。然而，心情却异常沉重。此次比赛成绩不佳，且是临时调整所致，带有侥幸成分。我显然未能准确把握非英语专业学生的学情，决赛在即，我心生焦虑。赛后，我与李涛安院长一同找到教务处叶耀辉处长，希望能考虑语言教学的特殊性，允许携带自己的学生参与。至今，我仍记得叶处长所言："若你不能根据学生迅速调整自己，岂能称之为好老师？"此言，我无从反驳。

经过一夜深思熟虑，我决定放手一搏。如果说2015年首次参赛，是检验自己的教学能力；那么此番，情况更为复杂，要求更高，时间更紧，我欲证明自己能否在短时间内解决复杂问题的能力。

接下来的几周里，我推翻了之前准备的所有36个PPT及讲稿，全部进行了重新梳理。一方面降低了难度，另一方面增加了中英双语字幕。一有空，我便向同事求助，到他们的课堂上试讲，仔细观察学生的反应，认真收集学生的意见。我由衷地感激我的同事们和我的学生们，他们耐心地协助我，真诚地给予我反馈，诚恳地提出宝贵建议，帮助我不断完善。经过30多轮的修改，我的PPT在反复打磨中愈发完善。我明白，我已找到了属于自己的答案。决赛当天，我仅携带了一只保温杯和一个U盘，步入了赛场。工作人员与选手们见状都笑道："余老师，您这更像是来开会的，不像是来参赛的。"我笑着回应："确实有点。"历经那段最为煎熬的备赛时光，我从自我怀疑中找到了答案，从对比赛规则的不解和退缩，转变为勇于面对挑战，实现了自我突破。此时，比赛的结果对我而言已不再是最重要的。正如杨绛先生所言："我们曾如此渴望外界的认可，最终却发现，世界是自己的，与他人无关。"最终，我再次荣获第七届"教学标兵"称号。赛后，我实实在在地病了一场，也因此得以安心休憩数日。后来，父亲劝我，别再参加比赛了，太过辛苦。而我此后虽也参与了多次项目申报和其他比赛，但那种高强度、高密度的工作模式，以及全身心投入、在短时间内取得显著进步的机遇，却鲜有再现。2021年，我指导两位英语老师备战"教学标兵"比赛。这两位老师均是初登赛场的新人。我沿用了以往的方法，从PPT修改到试讲，再到磨课，循环往复，PPT与试讲总计调整了百余次。历时三个多月，我们几乎每日都在探讨如何改进、如何讲述、如何设计。我还向老师们分享了叶处的话："若不能迅速根据学生调整自我，怎能称为好老师？"我讲述自己的经历与感悟，鼓励老师们去观察、理解、贴近学生，调整自己以适应学生。欣慰的是，两位老师均荣获第八届"教学标兵"称号。至此，我们团队已拥有4位志同道合的标兵，以及2项青教赛一等奖。我深感感激，感谢这两位老师的巨大付出，感谢团队始终践行"以学生为中心"的教学理念，更感谢我们对学生的爱，不仅仅停留于言辞。

川川："姐姐要加油！"

第一次见到窦川川，是在他前来应聘教师岗位之时。不得不承认，他那标准的英文发音与流利的口语，在第一时间就征服了我。时至今日，他的专业能力依然在我们团队中名列前茅，远胜于我。2011年，窦川川凭借其卓越的专业技能，获"外教社杯"江西省英语教学比赛一等奖，这无疑是我校在大学英语教育领域的辉煌时刻，让我们风光无限。一时间，全省各高校都在热议江西中医药大学有这样一位杰出的窦川川。次年，他再次参赛，又斩获了省二等奖的佳绩。迄今为止，他已在省级教学比赛中获奖六次，是团队中获奖次数最多的教师，也因此成了大家公认的"团宠"。

2015 年，我首次参加第五届教学标兵比赛。那时，川川已小有名气，并获得了第四届教学标兵称号。初决意参赛时，我信心不足，便去找川川聊天。我询问他的意见，也向他倾诉了我的犹豫与彷徨。川川拍了拍我，用他一贯的孩子气口吻对我说："姐姐，别怕，你很厉害，肯定行的。我会帮你的，把我所有的资料都给你。"我以为他只是说说而已。然而，当晚我就收到了川川转发给我的一个超大邮件，里面竟是他备赛的全部资料——他制作的 PPT、购买的影音材料，以及他积累的其他资源。邮件末尾还附上了一句话：姐姐，加油！那一刻，我下定决心，不再退缩，不再让彷徨不安的情绪左右自己。我要向川川学习，保持简单坚定，无所畏惧。

复赛前两天，我与川川碰面，商讨参赛主题。我选择了中规中矩的"INTERNET"作为主题，虽然感觉发挥空间有限，但胜在稳妥。而川川则选择了"AIDS"这一主题，他想讲述友情，以情感人。我提出异议，认为这个主题过于敏感，可能会给评委留下不好的印象。但川川坚持己见。复赛当天，比完后我便匆匆离去，不敢查看成绩。下午五点多，我收到川川的短信："姐姐，我没进决赛。你进了，你要加油！帮我一起赢回来。"那一刻，我泪如雨下。

接下来的备赛过程中，我变得更加孤独，但也更加坚定。由于是第一次参赛，缺乏经验，我每天只睡三个小时，开车、吃饭、喝水的时间都在思考如何改进 PPT。除了上课，我不参加任何集体活动，甚至很少与人交谈，渐渐进入了一种忘我的状态。身体虽疲惫不堪，但内心却充满了力量。我知道自己在做什么，也清楚是为了什么而做。即便失去了川川的助力，我也要为团队赢得这次比赛，不辜负大家对我的期望与帮助。

决赛那天，我未等成绩公布便离开了。川川发来信息："祝贺姐姐，你真是太棒了！"我内心对他充满感激，他无私的帮助、善良与温暖，为团队注入了巨大的精神动力！时至今日，仍有人好奇为何窦川川会是团队的宠儿。在我们一穷二白之际，是他披荆斩棘，为团队在省内奠定了地位与声誉；每当团队中有人需要，他总是坦诚相待，倾心相授，在团队发展的关键节点屡建奇功；他心灵纯净，单纯善良，无疑是团队的灵魂所在。

阿杜：这太难了！好的。

2021 年 10 月的一个上午，10 点钟，教学楼三层正举行国家一流课程申报书的打磨研讨会。这已记不清是第几次了，阿杜被我弄哭了。我以一贯冷静平和的语气说道："时间紧迫，三天内必须改好，否则就来不及了。"阿杜闻言，猛地将包包摔在一旁，泪水夺眶而出："这怎么可能，你真的不能这样要求。"事实上，这已非初次。项目组的同事们，向杜雪琴老师——阿杜，投去了同情的目光，却无人提出异议。他们理解我的焦急，毕竟截止日期逼近，材料尚未完备；他们也理解她的疲惫。阿杜转过身去，用背影默默表达着她的不满。我叹了口气，深知大家已逼近承受的极限，此刻不宜再施压。于是我说："那就先这样吧，下午再议。"

当天下午回家的路上，我邀请阿杜搭我的车。我们住处相近，我常邀她同行，路上谈谈工作，也聊聊生活琐事。阿杜似乎已忘却上午的泪水，一上车便说："不好意思，我今天没忍住。"我微笑回应："没事，是我太心急，追求完美过了头。"两人相视一笑，早上的不快瞬间消散。我边打转向盘边假装不经意地提起："那个申报书，还是得三天内搞定啊。"阿杜如常回应："好吧，我尽量赶出来，质量可能不那么好，你可别骂我。"我笑了，阿杜还是那个既抱怨又全力以赴的阿杜。这些年，我几乎所有的项目背后都有她的身影，从省级教学成果奖到省级教学团队，从创新教学大赛到一流专业、一流课程建设，她始终是我最信赖、最得力的助手，陪伴我一步步从零开始，逐个攻克项目。她的智慧、耐心与责任感，弥补了我的诸多不足，使我更加完善。

阿杜，一个身材瘦小、总爱笑的小个子女生，拥有一种与众不同的宁静，不易受外界干扰。她外表柔弱，内心却异常坚定。共事十余年间，她很少拒绝我，曾让我误以为她不懂拒绝。但后来我发现，她其实很有原则。真正让我钦佩并感激她的是，在首次申报教学成果奖时，面对几乎不可能完成的任务，团队成员大多望而却步，唯有阿杜，毅然决然地站在了我这边。

我对阿杜说："我们或许努力一整年，都未必能见到成果。但即便如此，我们也可以给团队作个阶段性的总结。明知成功的概率只有1%，近乎失败，你还愿意尝试吗?"她回应道："静姐，这真的很难!"稍顿，她又接着说，"但我愿意学。"她既吐露了自己的担忧，觉得难度颇大，又表明了支持的态度，愿意与我并肩作战，共同进步。就这样，我和阿杜踏上了为期一年的准备之旅。从寻觅机会参与各类培训，到拜访业内专家，再到反复打磨方案，直至承受专家反馈带来的挫败感，我们不断调整心态，彼此激励。或许从一开始，我们就秉持着学习的心态，并未在项目的成败上过分纠结。相反，我们珍视每一次培训的机会，力求不错过任何一次专家的点评，深刻反思自身的不足，并能坦然面对批评。2019年荣获省级教学成果一等奖，至今仍如同梦境一般。我们从未料想会有如此结果，只是一直在思考、讨论、争辩，不断修订申报书，前后历时约一年，改出了五十多稿截然不同的版本。若非阿杜的陪伴，我恐怕无法完成这项任务。感激她在明知前路艰难的情况下，依然与我携手同行，不离不弃!其实，我的团队中还有许多值得我称赞的人，他们都对我的成长产生了深远的影响。比如始终默默奉献的吴虹老师，她严谨、细致且温柔的个性，弥补了我在细节上的诸多不足;还有任劳任怨的刘成老师，他负责日常的教学管理工作，多年来无一差错，让我能够心无旁骛地向前冲刺。感谢我的团队，感谢大家如同家人般相互扶持，彼此成就。还有什么，能比拥有这样一群异性兄弟姐妹，更加幸运的呢?

2014 英语班：永远爱你！

如果要我追溯自己的成长轨迹，我的学生朋友们无疑是不可或缺的一环。谈及我的学生们，2014 英语班便自然而然地浮现在脑海之中。接手这个班级之际，我正从上外高翻学院进修归来，那里的高强度与快节奏一度让我有些难以适应。如何打破课堂的沉闷氛围，成了我反复思量的问题。我尝试通过布置多样化的教学任务来激发学生的积极性，然而效果却并不理想。课堂上，依旧是少数几个学生踊跃发言，而大多数依旧保持沉默。我不禁自问：这究竟是为何？又该如何解决？

2014 年，我下定决心进行深入的学情分析，渴望了解学生们的真实想法，探究他们不愿开口表达的根源。随着研究的深入，我逐渐发现，英语专业的学生普遍存在着畏难情绪，自信心不足，害怕与老师深入交流，更害怕在公共场合展示自己。事实上，他们是被调剂到英语专业的，因为高考成绩是全校最低的一批。在基础教育阶段，他们时常被排名，被贴上"差生""落后生"的标签，这种长期的自我否定与怀疑，让他们在步入大学后仍难以释怀，难以完全释放自我。

我开始深思：分数的差异导致了排名的差异，进而让一个孩子失去了自信与追求的勇气，甚至失去了生命的色彩。教育的目的何时变成了培养高分学生？对此，我持否定态度。我决心用自己的绵薄之力去改变这批孩子的命运。于是，我申请了教学楼 1 栋的智慧教室，安排学生们围坐成一个大圈，我也在其中找了个位置坐下。我要求每位学生都制作一个姓名牌，摆放在自己面前。随后，我发表了一段演讲，内容主要是鼓励他们忘记过去，勇敢重新开始。我郑重承诺，绝不会因他们的任何错误而批评他们，请他们给予我信任。因为语言学习的过程就是在不断犯错与纠正中前进的。如果不在学习中主动犯错并纠正，那么错误就会一直伴随他们。其实，在老师的眼里，学生在学校犯的错误，都是为了毕业后在职场上不犯错。在说出这段话时，我一直在观察学生们的神情。我看到他们低垂的头渐渐抬起，陆续将目光投向我，有的眼中闪烁着光芒，有的脸上绽放出了笑容。那一刻，我深知，我已经找到了打开他们心门的钥匙。

后来，我鼓励孩子们积极发言，用语言表达真实的思想和情感。我设计了 presentation、复述练习、视译练习、角色扮演、辩论等活动，带领孩子们一起练习，一起犯错，在笑声中探讨。课堂上不再有泾渭分明的老师和学生，我们是共同创造知识的合作者，由我设计，由孩子们完成。我们之间的称呼也很有趣，我常用他们的昵称，比如名字的后两个字或单名的叠字，于是课堂上多了许多"露露""娜娜""剑剑""春香""小凯"……这让孩子们感到轻松，享受上课的时光，对我经常拖堂的行为也习以为常，尽管我一度担心学校督导的突然袭击。

2016 年，教务处与我商量能否办一个英语角，但没有专项经费和项目。我的朋友肖笑飞提出用他的课题经费资助我，我至今仍很感动。能将自己为数不多的经费拿出来给学生，这样的老师值得钦佩。就这样，我带着 2014 级英语班的孩子们，设计并启动了江西中医药大学英语沙龙项目。在设计阶段，我告诉孩子们，这是属于他们的舞台，看他们能否将梦想变为现实。孩子们开始忙碌，从设计海报到邀请嘉宾，从安排节目到主持摄像，从现场调度到购买小礼品，每一个环节都由他们自己设计、管理和执行。我参加每一次准备会，充分肯定他们的创意，提供经济支持，和他们一起吃盒饭，陪伴他们完成活动的每一个环节。

2016 年的每一期英语沙龙，我都与孩子们同劳动、同讨论。从第一期只有 5 个观众，他们感到挫败，到如今已完成 57 期活动，场场爆满，甚至需要预约，英语沙龙已成为江西中医药大学校园文化的一张亮丽名片。我能感受到每一个在项目中锻炼的孩子身上那种独立、自信的精神面貌，这是多么令人欣慰的事。

2016 年底，国家留学基金委通过了我的访问学者申请，我将前往英国阿伯丁大学访学半年。出发前，孩子们送给我一个 U 盘，叮嘱我到英国后再打开。当我打开时，映入眼帘的是"永远爱你的 2014 英语班"这几个字。每个孩子都对我说了一段话，叮嘱我在英国认真求学，照顾好身体。还有几个女生唱了一首歌，没唱完就哭了。我非常感动，这份礼物我保留至今，并将永远珍藏。孩子们真挚热烈的感情，是对我从事的职业最高的奖赏。

我常想，我为孩子们究竟做了些什么，以至于能获得他们如此深厚的爱与尊重？我思量，这并非源于我传授了多少知识，而是因为我作为老师，真正地"看见"了他们。外界常有评论，说余老师教出的学生纯真无邪，带领的团队同样质朴无华。对此，我难以断言是好是坏，但我深信，外界的一切映射，不过是内心世界的影子。我渴望成为一位纯粹的老师，永远心怀热忱，温暖而善良。

半年后，我重返校园，为 2014 英语班代了一个学期的课。那个班的大学最后一课，正是由我讲授。那堂课，我未涉及任何知识点，而是用了近两小时，倾诉了我几乎全部的人生阅历与感悟。我告诫他们，无论身处何种境遇，都要坚持学习，保持独立思考；追求美好，但不必局限于单一的成功模式；正视失败，因为失败本就是人生的常态；偶尔成功时，喜悦一两日便好，需时刻保持韧性，勇于从头再来。

我虽不确定，传授多少知识能真正助力他们未来的生活，但我相信，当他们变得温暖自信，拥有敏锐的观察、深邃的洞察、强烈的同理心以及高度的共情能力时，我便无须再为他们担忧。如今，昔日的学生胡飘飘已成为最美大学生，小凯、娜娜、露露、春香等也相继研究生毕业，有的正备考博士，有的步入了教师的职业道路，还有的已为人母。每年的教师节，我都会收到他们满满的祝福与挂念。我想，我已选择了世间最幸福的职业——永远与青春为伴，又何惧衰老？感谢我的学生朋友们，是你们给予我最纯净的力量，不断感动我，净化我的心灵。

我的2022，在疑惑和思考中继续前行……

对于步入2022年的我而言，新的任务与挑战接踵而来。我渴望能将更多精力倾注于课堂之上，与孩子们共度时光，"看见"并感受他们，陪伴他们一同成长，这正是我心之所向。回首过往，若要探究自己何以取得些许成绩，我认为关键在于一点：与对的人携手，共赴正确之事！我自认既非天资卓越，亦非世事洞明，但我始终致力于寻觅志同道合之士，向他们求教，不断从其身上汲取力量。这或许是我唯一能与人分享的所谓秘诀吧。

余静简介：教授，硕士生导师，曾任英国阿伯丁大学访问学者，现任江西中医药大学人文学院副院长。荣获江西省高校优秀共产党员、师德先进个人称号，并获评党员先锋岗，同时是江西中医药大学第五届及第七届教学标兵；担任江西省教育科学规划课题、省教育厅人文社科项目及省卫生健康委员会科技计划项目评审专家，以及《江西中医药》杂志审稿专家。此外，还负责江西省一流专业英语专业的建设，领衔江西省高水平教学团队，并主导江西省一流课程《综合英语》；同时，也是校级教学团队中医翻译教学团队、校级重点学科中医传播学的负责人。在世界中医药学会联合会翻译专业委员会担任常务理事兼副秘书长，同时是江西省翻译协会及外语协会理事。主要研究方向涵盖外语教学、中医翻译与中医药传播学。

已主持并完成省部级以上课题8项，另有3项省部级以上课题在研；参与完成省部级以上课题29项；出版专著2部，主编或副主编省部级以上教材5部，发表论文50余篇，其中核心期刊发表10余篇。曾获江西省第十六届教学成果一等奖、首届江西省高校教师教学创新大赛二等奖、2021年民政部民政政策理论研究三等奖、"外教社杯"江西省外语教学大赛微课组二等奖、江西省优秀多媒体课件三等奖、中国外语微课大赛江西赛区二等奖 3 项，并被评为中国口译大赛优秀指导教师。指导学生参加全国大学生英语竞赛、全国大学生口译大赛、江西省翻译大赛等学科竞赛，共获得省部级以上奖励十余项。此外，还指导国家级大学生创新训练项目 5 项，省级创新训练项目 2 项；主持并完成校级质量工程项目 10 余项，以及校级教学科研课题 6 项。

余静代表性成果

荣誉及获奖

1. 江西省第十六批教学成果奖一等奖，排名第一，江西省教育厅，2019.07。

2. 江西省本科高水平教学团队，排名第一，江西省教育厅，2021.04。

3. 江西省线下一流课程，排名第一，江西省教育厅，2021.12。

4. 全国民政政策理论研究三等奖，排名第一，中华人民共和国民政部，2021.11。

5. 首届江西省高校教师教学创新大赛二等奖，排名第一，江西省教育厅，2021.05。

6. 江西省第十三届"外教社杯"英语教学大赛二等奖，排名第一，江西省教育厅，2021.05。

7. 第六届外语微课大赛二等奖，排名第三，中国高等教育学会、江西省教育厅，2020.01。

8. 第四届外语微课大赛二等奖，排名第二，中国高等教育学会、江西省教育厅，2018.10。

9. 第七届教学标兵，高年级组，江西中医药大学，2019.05。

10. 第五届教学标兵，高年级组，江西中医药大学，2015.05。

11. 江西省教育工委优秀共产党员，江西省教育工委，2013.07。

12. 全国口译大赛优秀指导老师，中国翻译协会，2012.12。

主持课题

1. 面向数字化发展的中医药教育国际公共产品构建与供给研究—以

《中医香疗学》为例，江西省教育科学"十四五"规划课题，主持，2022。

2. 中医药文化融入大学英语课程思政的实证研究—以江西中医药大学为例，江西省教改课题，主持，2020－2022。

3. 基于OBE理念的中医学硕士研究生学术英语能力培养路径研究，学位与研究生教育教学改革研究项目，主持，2021。

4. 中医药非物质文化遗产在法国的跨文化传播研究，江西省文化艺术科学规划课题，主持，2020－2022。

5. 基于跨境电子商务的大学生创新创业人才培养基地的构建与实践，江西省教改课题，主持，2017－2019。

6. 中医汉英双语平行语料库的研制与应用研究，江西省高校人文社科项目，主持，2015－2018。

7. 产学研合作下的中医英语翻译人才培养新特点，江西省教育科学"十二五"规划课题，主持，2013－2015。

8. 《医学英语翻译》网络课程开发与应用研究，江西省社科规划"十二五"一般项目，主持，2012－2014。

9. 中医药院校复合型口译人才培养模式研究与实践，江西省教改课题，主持，2012－2014。

10. 英语原版电影听说软件的开发及教学应用研究，江西省教改课题，主持，2009－2011。

教材、论著

1. 《大学英语教学中的跨文化交际能力培养与探索》（西北农林科技大学出版社）。

2. 《翻译与文化：翻译中的文化建构》（上海交大出版社）。

3. 《中医英语翻译教程》（中国中医药出版社）。

4. 《中医香疗学（英文版）》（中国中医药出版社，副主编）。

5. 《医学英语实用情景教程》（外文出版社，副主编）。

学生眼中的况君老师：正如《后汉纪》所言，"经师易得，人师难求"。我深感幸运，能够邂逅这样一位人师。四季更迭，与老师相伴四载春秋，无论是为学之道还是为人之本，老师的每一句教诲都如同种子般播撒在我的心田，渐渐生根发芽。三尺讲台之上，老师以三寸之舌、三寸之笔，培育出三千桃李；十年树木之间，历经十载风雨，造就十万栋梁。我想，这便是对况君老师最贴切的诠释。

——2015 级骨伤 2 班　王照刚

颁奖词：凡大医治病，必安神定志，无欲无求，先发大慈恻隐之心，誓愿普救含灵之苦。此乃况君老师之誓言也。他凭精湛医术守卫民众健康，将希望之光洒向病患心田；执教之际，他敦笃勤勉，将知识与医术毫无保留地传授予莘莘学子；治学之道，他严谨求实，对知识之探索从未停歇。况君老师以自身才学与高尚品行，承继先师智慧，培育现代中医之栋梁，引领学子遨游于医学的神圣殿堂。

莫如桃李

——"教学标兵"况君老师的成长之路

二十余年风雨兼程，阳明路的树影摇曳生姿，八一桥下的浪花轻拍岸畔。门外松柏常青，屋内那略显陈旧的白大褂已更迭了主人。同样的桌子，承载着同样满怀希望的患者与略显拘谨的学生，不同的是，如今桌边坐的是我。过去与现在，在这一刻于时间的长河中交汇。恍惚之中，我仿佛看见了二十年前立于桌旁的自己，以及桌前那位恩师的身影。生命在传承中更迭，不变的是师德之光的永恒闪耀。成为一名医生，尤其是一名优秀的医生，这是我矢志不渝的初心。

2002 年，我自江西中医药大学毕业，踏上了南昌大学第四附属医院的医师之路。那时的我，满心只想做一名好医生，从未料到自己会踏上讲台。医学之海浩瀚无垠，我不过是一叶扁舟，怎敢轻易担当传道授业解惑之重任？初入职场，我白日里尽心竭力治疗病患，夜晚则刻苦钻研，不断提升自我。医生，于我而言，不仅是一份神圣的职业，更是一份不容丝毫懈怠的天职。我的每一个决定，都牵动着患者的生死存亡。生与死的宣判，不过瞬息之间，却足以决定一个人是步入天堂还是坠入地狱。

治病救人是医生的本分，无论是门诊的小病小痛，还是手术室内的生死较量，都关乎人们的生命健康。我至今记忆犹新的是我的首次手术经历。那个深夜，护士急匆匆地将老师从睡梦中唤醒，只因一名 18 岁少女遭遇车祸，全身多处骨折。作为实习生的我，只能站在一旁，目睹着一切：鲜血从少女本应充满活力的身躯中汩汩流出；老师镇定自若地指挥抢救；患者的母亲跪地哭泣，祈求奇迹；父亲则躲在墙角，双肩颤抖，无声哀悼。刺耳的警报声与老师的沉稳指令交织在一起，时间一分一秒过去，直至少女的脸色渐渐恢复红润。当老师用沙哑的声音告知家属时，那家人痛苦与劫后余生的泪水交织成一片。那一夜，我深刻体会到了人间的悲欢离合，更重要的是，我首次见证了医生的责任、力量与勇气。

孙思邈在《大医精诚》中言："凡大医治病，必当安神定志，无欲无求，先发大慈恻隐之心，誓愿普救含灵之苦……勿避险巇、昼夜、寒暑、饥渴、疲劳，一心赴救，无作功夫形迹之心。如此可为苍生大医。"那一夜，老师以实际行动，为我诠释了这句话的深刻内涵。

每位医生在其职业生涯中难免犯错，老医生们常言：未曾犯错的医生难称好医生。在我看来，这话虽略显偏颇，却也道出了医生职业的特质。医学，尤其是临床医学，是一门实践科学，它要求我们将书本知识应用于临床实际。然而，临床情况远比书本描述复杂，它既不会明示病症，也不会指导治疗。此时，医生的经验便显得尤为重要。而这份经验，往往源自对错误的总结。做对百次，或许不及从一次错误中学到的深刻，因为错误的代价，往往令人铭记终生。正如古语所云："人不能两次踏进同一条河流。"我虽惧怕犯错，却也无法避免。部分患者会给予安慰，但也不乏恶语相向。辱骂虽痛，却不及对医术的质疑更让我心痛。

我至今难忘一位老奶奶患者，因腰痛前来就诊。诊断后，我建议手术，但她极为抗拒。在她眼中，手术室如同战场，进去便可能再难出来。我极力安抚，告诉她手术就像打个盹儿，睡一觉就结束了。她望着我，最终选择了信任。这份信任，于我而言，如同甘露，令人欣喜。医生的被信任，是对其职业、身份乃至生命的最高肯定。手术顺利结束后，她因信任得到回报而开心，我也因证明自己而喜悦。那时的我，甚至觉得医术已小有所成。

然而，幸福往往伴随着不幸。站得越高，摔得越重。这句话，当时的我深有体会。术后第三天，患者伤口流血疼痛，左腿失去知觉。起初，我尚能安慰她这是正常反应，但随着时间的推移，我的语气愈发不确定。老奶奶没有责骂，只是默默流泪，深夜的病房里回荡着她的抽泣声。那哭声，深深刺痛了我；那失望的眼神，更让我迷茫。我犯错了吗？若非我坚持手术，她或许仍会疼痛，但至少能自由行走。我是否会让她余生都困于轮椅之上？我真的能算一名好医生吗？

我陷入混沌，不知所措。幸而老师及时发现了问题，果断安排了二次手术，并在术后与我长谈。他告诫我，医生不能害怕犯错，因为犯错在所难免。医学正是在无数次尝试与纠错中不断进步的。正如古籍中记载的数百种中药，若无先人的亲身试验，谁又能洞悉其药效所在？那些充满古韵的中药名背后，凝结的是古人的智慧与汗水。神农遍尝百草，终得《神农本草经》；扁鹊游走春秋，其名得以流传千古；吴又可穿梭于瘟疫之间，挽救无数生命。正因他们的存在，华夏文明方能历经千年风雨，屹立不倒。以生命守护生命，这便是医者之真谛。多年之后，我仍铭记这番话语，并致力于将其践行与传承。面对学生，望着他们如昔日的我般迷茫的双眼，我总会告诫：面对难题，切勿轻言放弃，要满怀信心地去攻克，即使犯错亦无须畏惧，因为在我的背后给予你支持。错误的代价虽沉重，却也凸显了经验的珍贵。经验经由提炼总结，方能转化为知识。祖国医学绵延数千年，这些经验与知识已构成中华民族一笔不可估量的财富。2002年的SARS，2019年的新冠，当西方国家手足无措，新冠疫苗遥不可及时，中国却迅速控制了疫情。这得益于国家的日益强盛，得益于医护人员的无私奉献，同样也得益于祖国医学的贡献。中医师们亲临抗疫一线，诊断病情，为疫区人民带去了生命的曙光。行医二十余载，如今的我已接过恩师的手术刀，不再是当年面对病患手足无措的新手。面对病患，我能凭借积累的经验做出自己的诊断。回望当年的理想，我可以坦然地说：我做到了。2013年，我重返母校附属医院，担任主治医生一职。附属医院不同于普通医院，它是一所教学医院，肩负着医疗与教学双重使命，我的导师也曾是这里的一员。在这里，我不仅学会了医术，更重要的是，领悟了医德。如今，我再次回到这里，不仅以医生的身份，更以教师的身份。当母校邀请我担任中医骨伤科教师时，我欣然应允。这既是对自我的挑战，也为我的人生画卷添上了浓墨重彩的一笔。在我心中，始终怀揣着一个教师梦。我一直坚信，医生的职责不仅在于治病救人，更在于将医学薪火相传。代代如此，我亦不例外。

三尺讲台，三寸舌，三寸笔，绘就三千桃李芬芳；十年树木，十载风，十载雨，培育十万栋梁之材。人们常喻教书为种树，播种一粒种子，悉心浇灌，方能成就参天大树。于我而言，教育亦然。学生犹如一张白纸，此时，一位良师便如同一位妙手丹青，方能在这纸上绘出绚丽画卷。立于讲台之上，我深思，应授予学生何物。这群大学生，能从高考中脱颖而出，已彰显其能力非凡。而大学有别于高中，多数知识需学生自学掌握。若我仅依书照本宣科，虽可敷衍了事，但对于学生而言，恐有囫囵吞枣之感，亦会消磨其学习兴趣。回顾导师教诲与自身经历，我有所悟。教育绝非单纯的知识传授，更是对学生人格、三观、能力的塑造与培养。简而言之，高中侧重应试教育，着重知识获取；而大学则倾向素质教育，着重三观与能力之塑造。至于我的教学，旨在培养一名合格的临床工作者。何为合格的临床工作者所需之能力？众说纷纭，然在我看来，医术与医德最为关键。医术乃临床之基石，医德乃医者之标尺。人们常以"杏林春暖"赞誉医术精湛、医德高尚之医家。相传三国时，名医董奉隐于庐山，为人治病，不收取诊金，唯愿患者植杏树以报。数年之后，治愈者众，杏树亦蔚然成林。杏熟之时，董奉贴告示，买杏者不以银钱交易，而以稻谷换取。所得稻谷，董奉尽数用以救济贫寒。乡民敬仰董奉之人品医德，遂书"杏林春暖"悬于其门。自此，"杏林春暖"一词流传开来，沿用至今。于我而言，"杏林春暖"既是自我要求，亦是对学生之殷切期望。

张载有言："为天地立心，为生民立命，为往圣继绝学，为万世开太平。"儒家思想自孔子以降，绵延数千年，其核心要义，皆在于德。张载一语，道破真谛。医者之道，亦复如是。古往今来，青史留名的医者，固然以其精湛医术著称，然更重要者，乃其悬壶济世之心。陈梦雷云："无恒德者，不可为医。"吾辈深信，医术可日后精进，品德有亏则断难为医。人命至贵，重于千金。忆往昔，武汉封城之际，党中央号令一出，无数医护人员毅然告别亲人，奔赴这场无形的战场。他们是丈夫、妻子、父母、儿女，更是一身白衣的战士。面对疫情，他们犹如屹立不倒的白色长城，守护着祖国人民。因长时间超负荷劳作，一线医护人员的脸庞被口罩、护目镜勒出深深痕迹，为免上厕所，他们甚至不敢饮水，身着成人纸尿裤工作。这一切，只因脱卸一次防护服需历经二十七道程序，十二次手部消毒，耗时逾半小时之久。这些烙印于面颊的伤痕，将成为我们心中永恒的记忆。吾常告诫学生：此乃医者之责，此乃医德之体现，此乃大医精诚之真谛。

非典肆虐北京之时，恐怖氛围笼罩全城，疑似病例频现，人心惶惶。彼时，白衣战士们不顾个人安危，夜以继日奋战于无形战场。抗非典前线，小汤山医院内，有一感人故事流传：一医者，自隔离之初便奋战一线，众人劝其休息，他总言："我已在一线多时，经验丰富，能更好地履行职责，换人恐增感染风险，我再坚持一阵。"此医者数月未与家人联系，将对家的思念深埋心底，忘我工作。终不幸染疾，因发现过晚，已至危重。家人悲痛欲绝，而此医者在隔离区接受记者采访时，虽泪光闪烁，留恋尘世，却坚定表示："请将我遗体捐予医学研究，早日攻克非典疫苗，让更多病患早日康复，与家人团聚。"此医者无私奉献之精神，令人动容。他牺牲时年仅三十六岁，生命何其短暂。何以使之如此义无反顾？除却党性、医德，又何以解之？我曾游历井冈山革命根据地，深切感受到了红色时代的气息。在那个动荡黑暗的年代，无数先辈英勇无畏，为中国开辟出一片崭新的天地。如今山河依旧，岁月流转，唯有共产党人的赤诚之心依旧熠熠生辉。周恩来总理曾言："为中华之崛起而读书。"这句话令我深感共鸣，我也希望我的学生们能具备这样的品质。立人先立志，《论语》有云："见利思义，见危授命，久要不忘平生之言，亦可以为成人矣。"执教数载，我虽不敢奢望每位学生都能尽善尽美，但仍期盼他们能坚守初心，铭记誓言，恪守底线，最终成为一名仁医。善之根本在于教育，而教育之本在于教师。身为教师，我深知要让学生领悟医德并付诸实践，就必须以身作则，成为他们的榜样。因此，我常将学生带在身边，让他们亲身感受患者的悲喜，从一个个生动的故事中，潜移默化地传授他们为医之道。古人云："读万卷书不如行万里路。"这段经历定会成为他们生命中永恒的印记，让他们深刻理解到，医德即生命。

师者，所以传道受业解惑也。医生这一职业的基石，在于精湛的医术。我们将那些医术高超的专家尊称为国医大师。医术包含两部分：一是扎实的基础知识，二是丰富的临床技能，二者相辅相成，缺一不可。若将医学比作一棵树，基础知识便是其根，临床技能则是其枝叶。医学基础知识浩如烟海，若将人体比作一个宇宙，我们或许仍在太阳系内探索。这些知识如此广博，唯有静心钻研，方能融会贯通。《论语》有言："人若志趣不远，心不在焉，虽学无成。"兴趣乃学习之最佳导师，面对学生，唯有激发他们的兴趣，方能将知识深植于他们的心中。正如古语所云："要给学生一杯水，自己需有一桶水。"在课堂上，我常以自身行医的真实案例吸引学生注意。如今，随着教学硬件的升级，教室里配备了电脑和投影仪，这为我提供了新的教学思路。我将医院中的案例拍摄成图片，制作成PPT，在课堂上与学生分享。相较于书本上的文字，图片与视频的直观冲击往往更能触动人心。那些图片背后的真实案例促使他们开始重视并尊重医生这一职业。医学的发展至今已分化出数十个专科，这些专科所需的知识和技能各不相同。作为外科医生，在教育学生时，我不仅要传授给他们基础知识，还要着重培养他们的临床技能。伦·赖特曾言："一个出色的外科医生需拥有一双鹰的眼睛，一颗狮子的心，以及一双女人的手。"鹰的眼睛象征着医生需具备洞察表象、直击患者症结的能力；狮子的心则意味着面对病症时，医生必须勇于采取行动；而女人的手则代表着医生在手术操作中必须追求极致的精确。面对患者，医生从不轻易给予百分之百的保证，因为我们深知，即便是最优秀的专家也难以确保万无一失。因此，我在教导学生时，总是强调在治疗患者时必须保持绝对的专注，力求将失误降至最低，将操作化为本能，将每一次操作都视为初次尝试。临床上常说："心要狠，手要准。"心有猛虎，细嗅蔷薇，这便是其中的真谛。

2018 年，学校通知我可以招收研究生了，这对我来说无疑是一个新的挑战。从那个小伙子将简历投递给我，到他在考官面前侃侃而谈，再到他兴奋地告知我被录取的消息，我意识到我有了第一位研究生，第一位弟子。这种新型的师生关系对我来说既陌生又充满期待，它比普通的师生关系更为紧密且长久，往往会伴随人的一生。那天，窗外微风轻拂，安静的办公室里，我与这位小伙子共同探讨研究生的教育方式。如今回想起来，两个新手之间的探讨难免存在诸多不足。然而，见证着他第一次管理患者、第一次进行手术、第一次撰写论文，看着他从一个总是洋溢着笑容的男孩成长为一名沉稳冷静的医生，看着他找到工作，在电话里与我分享他的故事，我不禁恍惚间仿佛穿越时光，回到了二十年前的自己与导师相处的时光。不同的时间，相同的地点，导师侃侃而谈，我认真倾听，他总是在我身旁指导我该如何行事；他总是耐心地倾听我的问题，思考后给予我答案；在我犯错时，他总是安慰我说："没事，有我在。"一切仿佛未曾改变，却又似乎已悄然不同。时光在此刻交汇，传承在这一刻轮回。我深刻理解了传承的意义，也真正懂得了为师之道。

时光流转，村落变为国家，符号汇聚成书。尽管时间变迁，朝代更替，但文字间的意义却恒久不变。万物生长，花开花落，在这亘古不变的轮回中，知识在一代代人的手中不断传承。它始终在变化，却从未停止。

春秋时期，子质于魏国传道授业。他不问学生贫富，只要有心向学，皆愿收为门徒，一视同仁。学馆之中，栽有一棵桃树与一棵李子树，前来求学的学生皆跪于桃李树下，拜子质为师。子质指着硕果累累的两树，谆谆教导学生们："尔等当勤学不辍，如这两树般开花结果。"为了将学生培养成国之栋梁，子质倾心教学，不遗余力。其后，这些学生相继成才，成为国家的中流砥柱。为感念师恩，他们各自在居所亲手栽种桃树与李树。

子质游历各国时，每遇身居要职的学生，并见学生所植之树，便满怀自豪地说："吾之学生，真乃桃李满天下也！皆有所作为！"

在中国，教师自古以来便是神圣的职业。自春秋时期的孔子，至明代的王阳明，再到近代的蔡元培先生，乃至当下遍布神州的万千教师，薪火相传，从未断绝。悠悠华夏数千年，知识铸就了中华民族的脊梁。古代儒家追求三不朽：立德、立功、立言。而新中国成立以来，共产党人树立了为国家、为人民奋斗的崇高理想。身为共产党员、医生或教师，我不慕富贵功名，唯愿我的学生能如子质先生所期望的那样，开花结果，为这个国家、这个民族贡献自己的力量。待到桃李满天下，何须门前更种花。

况君简介：毕业于江西中医药大学，博士，主任中医师，硕士研究生导师，中华中医药学会脊柱微创委员会委员、脊柱脊髓组常务委员，江西省中西医结合学会骨质疏松与骨矿盐专业委员会副主任委员，江西省中医药学会针刀分会副主任委员，江西省中西医结合学会脊柱微创分会常务委员，江西省脊柱病康复委员会脊柱分会常务委员，江西省中医药中青年骨干人才培养对象。在一线参与抗击非典型肺炎、甲型流感疫情，多次获优秀共产党员称号，主讲中医骨伤科学、创伤急救学、中医整脊学、中医骨病学、骨伤科手术学等主干课程。近年来主持及参与 2 项江西省科技厅课题，多项江西省卫生健康委员会课题。并发表相关学术论文 10 余篇。同时主编和参编《中医骨伤科学》及《中国中西医结合临床》等多部教材和骨伤专著。

况君代表性成果

1. 2012～2014，改良经皮腰椎间盘摘除术治疗腰椎间盘突出症的临床研究，江西省科技计划项目任务，已结题，第二参与负责人。

2. 2012～2016，正脊手法联合射频消融术治疗颈椎间盘突出症临床观察，江西省科技厅，省级，项目负责人。

3. 2016～2018，针刀治疗腰椎间盘突出症融合术后残余痛的临床研究，江西省卫生计生委，省级，项目负责人。

4. 2020.1~2022.12，补肾壮筋汤联合热敏灸治疗骨质疏松椎体骨折PVP术后残余痛，江西省卫生厅，省级，项目负责人。

5. 正脊手法联合射频消融术治疗颈椎间盘突出症临床观察，20123BBG70236，2012.11~2016.12，项目主持人。

6. 《经椎板间入路椎间孔镜治疗 L5 – S1 向下脱垂型腰椎间盘突出症36 例》，况君；万小明等；江西中医药大学学报 2018，30（6），31 – 33。

7. 《正脊手法联合射频消融术对颈椎间盘突出症患者血清细胞炎性因子及通路蛋白的影响》，况君；刘峰等；广州中医药大学学报 2016，33（2）167 – 170。

8. 《几丁糖 – 胶原 – 丹参素缓释复合膜预防大鼠脊髓损伤后硬膜粘连的作用》，况君；余兆仲等；中华实验外科杂志，2020，37（8）1498 – 1501。

9. 《中医骨伤科学》（中国中医药出版社，编委）。

10. 《临床骨科疾病诊疗学》（江西科学技术出版社，主编）。

11. 中华中医药学会针刀分会委员、江西中医药学会针刀分会副主任委员。

12. 江西省中西医结合学会专业委员会常务委员。

13. 江西省中西医结合学会骨质疏松与骨矿盐专业委员会副主任委员。

14. 中国人体健康科技促进会第一届神经脊柱和疼痛专业委员会常务委员。

15. 第六届中医药社杯全国高等中医药院校青年教师教学基本功竞赛临床高级组优秀奖。

16. 江西中医药大学第七、八届教学大赛教学标兵。

学生眼中的陈乔老师：谈起陈乔老师，给我最深的印象就是他的责任心和踏实作风。老师总能用风趣利落的语言，将枯燥的知识形象化。虽然组织胚胎学每周只有两节课，但每次上课都让人觉得非常充实。在学习基础知识之余，老师经常给予我们拓展与启发。同学们经常在网上向老师提问，他总是悉心解答。老师还常常以他教过的学生为例，与我们分享学习方法，令我们如沐春风。他尊重并关心每一位学生，是一位真正值得尊敬和爱戴的好老师！

——2021级针灸推拿4班　赵兴杰

颁奖词：十余年的默默坚守，他以行动诠释了无怨无悔；十余年的辛勤付出，他以真心赢得了声声赞许。他坚信，没有爱就没有教育。他用语言播种，用彩笔耕耘，用汗水浇灌，用心血滋润，以无私的爱陪伴学生走过成长岁月的艰辛与快乐，成就了自己人生的精彩！

不经一番寒彻骨，怎得梅花扑鼻香

——"教学标兵"陈乔老师的成长之路

时光回溯至二十年前，刚刚毕业的我面临着职业选择。原本有机会去医院成为一名治病救人的医生，但机缘巧合之下，我最终成为一名高校教师。当时，我心中充满了兴奋，憧憬着过一把"老师瘾"，最想做的事就是监考学生，行使所谓的"老师权威"。如今回想起来，这些想法显得颇为幼稚。然而，问题也随之而来：从学生角色骤然转变为老师角色，对于从未接受过教育专业培养的我来说，不仅难以谈及如何教好课，甚至连第一次如何上课都毫无头绪。我不禁自问，作为一名新手，我该做些什么？

学校对第一年的新进教师并未下达教学任务，因此，我首先拿起解剖学教材，仔细研读，试图唤醒大学一年级时老师所教知识的记忆，迅速查漏补缺。由于当时网络并不发达，对于理解模糊的知识点，我只能去图书馆借阅相关书籍学习。此外，对于自己确实难以理解的问题，我虚心请教身边的同事。记得那时，赵志冬和刘建国老师给予了我许多帮助，因为他们也是刚来学校不久，仅有一年经验，所以我所面临的问题正是他们当年也曾遇到过的。从刘建国老师那里，我学会了如何制作 PPT 和解剖学小动画，这为后来参加教学比赛制作课件奠定了坚实的基础。

在补习基础知识的同时，我也会抽出时间去听课。那时的课程很多，都在阳明老校区基础医学院实验楼进行。每当谈起自己取得的成绩时，我总会提到一个人，那就是熊自敏老师。从他那里，我学到了讲课需要脱稿讲授，思路清晰，重点突出，简洁明了。听完一学期的理论课，我收获颇丰！

　　在完成基础知识的补习后，我开始了人体实地解剖的学习。当时，刘小敏老师正带领研究生进行局部解剖学的教学，这一幕让我记忆犹新。那些学生正在集体解剖心脏，我也凑过去观察。他们从心脏的位置和外形入手，通过解剖探索其内部结构，如乳头肌、三尖瓣、卵圆窝等，这些细节至今仍历历在目。看着他们认真的态度和严谨的学风，我深受启发，深刻体会到作为一名解剖学教师，必须身体力行，在理论指导下实践，在实践中验证理论，真正做到学以致用。经过这一阶段的学习，时间已悄然来到下半年，我决定亲自解剖一具尸体。我购买了一本解剖学图谱，并在侯吉华老师和李青老师的帮助下，获得了尸体标本。此后，我一有空便钻进实验室，从下肢开始解剖，继而到上肢，最后是躯干。当时，颈部夹肌、头半棘肌、斜角肌等结构位置复杂，有时为了寻找一个结构，不知不觉就错过了吃饭时间，甚至熬到深夜。看门大爷曾问我，晚上解剖尸体是否害怕，说实话，等解剖任务完成后，独自一人待在实验室时，确实有些许犯怵。万事俱备，只欠东风。所有的知识储备都已就绪，我终于迎来了小试牛刀的机会——为科技学院中医班讲授几堂解剖学课。对于第一次课，我既充满期待，又有些彷徨。期待的是能够真正站上讲台，展示自己努力的成果和个人风采；彷徨的是如何开场，如何分配时间，如果突然卡壳怎么办，学生不买账又该如何应对。这些问题一直困扰着我，但并未将我压倒，相反，我不断给自己加油鼓劲。第二天，我以自我介绍开场，讲述了自己的大学经历，并分享了学习解剖学的心得体会。在讲授《绪论》时，我结合自己收集的历史人物素材，向同学们展示了解剖学在中医和西医中的发展简史，同时通过PPT中的图片，逐一讲解专业术语，最后以内容小结结束了本次课的教学任务。果然，一切比预想得顺利得多。整个过程中，我没有卡壳，时间安排也相当合理，学生们听讲非常认真，课后还有不少学生主动索要我的联系方式。当然，这第一次教学经历也存在不少问题，比如针对某些问题反复讲解，显得啰唆；整堂课未能准确把握重难点，内容有些散漫。但总体而言，我认为这次教学还是比较成功的，不仅顺利完成了授课任务，还与学生们建立了良好的师生关系。

青年教师初登讲台时，常面临诸多挑战：对教材不够熟悉，教学内容把握不够全面，讲授时往往面面俱到却难以突出重点，教学方法单一，课堂互动不足等。面对这些问题，我认为他们应当虚心向身边经验丰富的教师请教，取长补短，不断积累经验，勤于反思，在教学实践中持续提升。因此，青年教师的成长离不开学习，不仅要学习理论知识，更要注重实践；不仅要精进专业知识，还要借鉴他人的优点与长处，从而夯实自身的业务能力。经过数年的努力，个人的教学能力逐渐提升，对知识脉络的把握更加清晰，对重难点的掌握也更为熟练，能够做到熟记于心，脱稿讲课也变得游刃有余，即使遇到停电无法使用PPT的情况，也能顺利完成教学任务，这为日后参加教学比赛增添了信心。同时，与学生的沟通也有了显著进步，逐渐意识到教学不仅是传授知识，更要教会学生如何学习，这一切都建立在教师对学生学情充分了解的基础上。因此，我在备课时会及时与学生交流，了解他们的学习困难与问题，并不断摸索更有效的教学方法，帮助他们更好地学习，从而显著提升了教学效果，赢得了学生的好评，多次被评为班级优秀教师，也为后来参加教学标兵比赛奠定了基础。

2005年，基础医学院举办了我参加工作以来的首场教学比赛。对于这次比赛，我并未过多关注成绩，只觉完成任务即可，因此毫无紧张感，内容也顺利讲完。最终，我意外获得第二名，如今回想起来，并无太多深刻记忆。真正让我铭记于心的是2009年的全校第二届教学标兵比赛，当时我对比赛的渴望前所未有，迫切希望通过这个平台展示自己的教学水平。第一轮比的是教案、讲稿及教学方案设计书，初级组最终有16名教师进入预赛。接着，我们需准备五个讲授内容，通过赛前抽签决定最终讲授的内容，评委均为外校专家。为了预赛，我精心挑选了五个自认为容易出彩的内容，并加班加点优化课件，反复推敲，不断完善。由于解剖学属于形态学，讲授时常需使用图片，有时为加工一张美观适用的图片，我会耗费数小时。在制作课件的同时，我也在整理讲课脉络，力求授课过程流畅。这项工作颇为艰辛，白天一有空我便思索，晚上睡觉时也不自觉地琢磨：这个设计是否合理？那个方法是否得当？这个表达听众能否接受？那个展示能否获得认可？这些问题时常困扰着我。预赛抽签时，我的出场次序较靠后，安排在下午。比赛正式开始前30分钟，再从五个预赛内容中随机抽取一个，我抽到的是消化系统中的肝外胆道。这个内容对我而言再熟悉不过，因为第一次院内教学比赛我便讲授过。当时，我前面一位老师的内容正好涉及美食，我捕捉到这一信息后，迅速将其设计到比赛的导入部分："前面老师为大家展示了各种美食，也调动了大家的胃口，但这些食物吃下之后，你知道它们是如何被消化的吗？接下来，我将从解剖学的角度为大家深入讲解，分享的内容是《肝外胆道》。"万事开头难，比赛前难免有些紧张，但我通过这样的开篇导入，既与前面的知识衔接，又引出今天的讲授话题。看似顺理成章，实则精心安排。接着，我从胆囊的形态、功能及输胆管道的组成分别进行展示。最后十分钟，我回到最初提出的问题，带领大家从进食和不进食两个方面讨论了胆汁的排出途径及食物的消化过程，并结合胆道蛔虫症病例，再次强调此次授课的重点与难点。整个教学过程在我看来如行云流水，一气呵成。功夫不负有心人，预赛成绩我名列第一，之前的付出终得回报，成功的喜悦溢于言表。

预赛结束后不到一个月，决赛便如期而至。比赛内容涵盖整本教材，共三十一个章节。得知这一消息后，我一时感到有些措手不及。于是，这一个月如同打仗一般，每日忙于备课、制作PPT、撰写讲稿，脑海中充斥着比赛的场景。直至决赛来临的那一刻，才感觉肩上的重担卸下了大半。决赛当天，我抽到的题目是"心的各腔"，这一内容我再熟悉不过，然而真正开始比赛后，却发现虽然内容烂熟于心，却未能充分展现闪光点。整个比赛过程按部就班，成绩虽不及预赛那般突出，但最终仍成功入围当年的教学标兵。

这次决赛让我深刻领悟了许多道理，比如"熟能生巧，巧能生花"，又如"成功是留给有准备的人"。此次成功虽带有些许运气成分，但若要真正立于不败之地，仍需付出加倍的努力。在日常教学中反复操练，达到融会贯通，方能从容应对。教学比赛不仅是青年教师展示教学基本功的有效平台，也是对其教学能力和水平的全面检阅。作为参赛教师，应展现出强烈的进取心和求胜欲，并在比赛中充分展示个人的教风教态、教学设计、教学组织、教学方法以及教学特色等多方面的能力。因此，在日常教学中，青年教师必须认真备好每一堂课，精心设计每一个教学环节，熟练运用教学方法和技巧，精心组织教学，以此激发学生的学习热情，提升教学效果，真正做到师生相长。

自2012年起，美国顶尖大学陆续设立网络学习平台，提供免费课程。一些课程提供商的兴起为更多学生提供了系统学习的机会。为促进信息技术与教育教学的深度融合，加强学生自主学习和实践能力的培养，我校于2014年组织申报了全校慕课课程建设项目。面对这一机遇，我们组建了解剖学慕课教学团队，积极开展集体备课，并精心撰写申报书。在学院的支持与帮助下，我们成功获得了首批慕课立项。

面对慕课这一新生事物，起初大家都很陌生，如何将知识碎片化、如何进行教学设计、如何制作精品资源等问题都需要摸着石头过河。经过集体讨论，我们决定以易创数字人解剖系统为依托，创新性地通过录屏形式完成了首批慕课课程的建设。建设过程中，大家分工明确、齐心协力：有的老师负责讲授，有的负责剪辑，有的负责上传资源。那段时间，许多老师经常忙到深夜，由于集中授课，部分老师的声音甚至变得嘶哑，但大家依然坚持努力。2015年，我们的课程终于建设完成，并由赵志冬老师在药学专业首次尝试授课。尽管教学效果不尽如人意，但这标志着我们迈出了教学改革的第一步。2016年，江西省教育厅组织省级精品在线课程申报，除了提交申报书外，还需上传五个教学微视频。我们总结前期经验，决定以器官为单元，精心设计了五个微课内容。由于缺乏拍摄经费，我们从学院申请了摄像机，并向学校网络中心求援，大胆尝试团队自主拍摄视频资源。胡丽霞老师因长期从事人体标本馆的科普讲解工作，业务能力出色，自然成为课程的主讲教师；而潘荣斌老师精通教育信息技术，负责视频拍摄。分工明确后，大家在人体标本馆热火朝天地投入微课制作。考虑到夜晚校园环境安静，我们选择在晚上拍摄，但由于缺乏经验，精神紧张、表情呆板、肢体语言不足、内容卡壳等问题一度成为我们的障碍。经过反复演练、讨论和优化拍摄模式，我们终于完成了所有视频制作任务。最终，这门课程成功获得了江西省首批精品在线课程立项。

回忆起当时的创作情景，我依然历历在目，深感团队力量的强大。没有他们的支持，我个人根本无法完成如此艰巨的任务。在教学团队中，青年教师精力充沛，工作热情高涨，敢于拼搏，不怕失败，对现代教育技术手段的接受能力和可塑性都很强。我们应充分发挥他们的积极性，挖掘他们的创新潜力，往往能取得意想不到的效果。中医学院在青年教师培养方面一直保持着优良的传统，即"传帮带"。具体做法是让青年教师自选教学导师和专业导师，通过听课、跟学、试讲等一系列措施完成最终考核。作为青年教师的导师，我不仅要求他们参与建课环节，还要求他们担任线上助教，答疑解惑，并在选题指导和研究中实现知识的输入与输出，从而达到在教学全过程中"传帮带"的目的。这一做法为激发青年教师的教学热情、提高业务水平、实现师生相长和师师相长的培养目标探索出了一条新路径。2019年，我们的人体解剖学课程成功通过了省级精品在线课程的认定。作为带头人，我集中了生理学、病理学和微生物学的骨干教师力量，优化整合了各科重点内容，于2020年申报了一门名为"敲开医学之门"的选修课程，并于2021年获得了省级精品在线课程及江西省高校课程育人共享计划的立项。这些教师通过参与慕课建设，积累了微课制作的经验，反思了建设过程中的得失，并分别对自己所教授的课程进行了申报，获得了校级、省级等不同级别的课程建设立项与认定。在为人处世的学习之路上，我最感谢的是我的恩师，也是我的研究生导师汪建民教授。记得当时我和他一起完成了骨伤专业局部解剖学的教学，这让我对这门课程有了新的认识，也对从事解剖行业的人有了新的理解。汪老师治学严谨，每次上课都会布置学习任务，课后亲自逐一检查学生的完成情况，并给出相应的平时成绩。当时我们的校区已经从阳明搬到了湾里，解剖学实验教学条件远不如现在优越，排风系统也不够先进，尸体散发的福尔马林气味非常浓烈。我常常被熏得鼻涕眼泪直流，不得不出门呼吸几口新鲜空气，但汪老师从上课到下课一直待在解剖室，有时甚至忘了喝水休息，不厌其烦地为学生解答疑问、示范动作、探讨问题。最让我不解的是，他上课时戴的手套总是用肥皂洗洗、晾晾，接着再用，直到破损为止。现在我才明白，汪老师就是那一代人——勤俭节约、艰苦奋斗、默默耕耘的那代人！他的为人师表让我深刻体会到，做事要踏实，做人更要踏实的道理。

人体解剖学作为医学生的首门专业必修基础课，不仅是专业学习的起点，更是价值塑造的关键环节。如何将思政元素融入课堂教学，践行以立德树人为目标的改革，是我们教学团队的核心任务。鉴于该课程的研究对象为人体，且教学对象为刚入校的新生，我们以人体标本馆为依托，构建了课程思政平台，并以大体老师为载体，开展"开学第一课"育人活动。2018年，人体解剖学课程成功获批校级课程思政示范课程立项；2019年，进一步获得省级课程思政示范课程立项。经过数年的努力，我们基本实现了职业道德、心理素质、职业责任感、社会使命感及工作态度的课程思政建设目标。学生在学习过程中，逐渐增强了热爱祖国、热爱人民、立志献身医学事业、全心全意为人民服务的意识，同时也学会了认知自我、团结协作、敬畏生命、尊重科学。这一成果得到了专家和学生的一致好评，并于2022年顺利通过校级"金课"认定。综上所述，我认为，青年教师若想成长为教学标兵，加倍努力是先决条件，而工作态度、工作热情及工作方法则是决定成功的关键！

陈乔简介：男，教授，硕士研究生导师，组织胚胎学教研室主任。主要从事解剖学与组织胚胎学的教学工作，主持省级课题5项、厅级课题4项，参与国家重大新药创制项目1项、国家自然科学基金项目2项、横向课题 2 项，获授权专利 1 项，发表学术论文 20 余篇。曾先后获得江西中医药大学"师德师范先进个人""十佳青年""优秀教师""教学标兵""教学名师"等荣誉称号。

陈乔代表性成果

1. 2009 年获得江西中医学院教学标兵称号。

2. 2010 年获得江西中医学院师德师范先进个人称号。

3. 2011 年获得江西中医学院优秀教师称号。

4. 2013 年获得江西中医学院教学标兵称号。

5. 2015 年获得全国第五届青年教师基本功比赛最受学生欢迎奖和三等奖。

6. 2015 年获得江西中医药大学教学标兵称号。

7. 2016 年获得江西中医药大学十佳青年称号。

8. 2019 年获得江西中医药大学教学名师称号。

学生眼中的周燕玲老师：周老师既是我的任课教师，也是我的指导老师。在课堂教学中，她治学严谨，授课风趣幽默，课堂气氛活跃，深受同学们的喜爱。她总是耐心解答同学们的疑问，展现出高尚的师德；她始终坚守在教学一线，履行模范教师职责。在科研工作中，她忘我投入、认真尽责、悉心指导，作为我们的指导老师，给予团队极大的帮助。她总是耐心指导并提出建设性意见，为我们指明方向。同时，她积极鼓励我们参与各类学科竞赛，培养了我们的团队协作与实践能力。在我心中，周老师是一位德才兼备的优秀教师。

——2019级计算机班　段金玲

颁奖词：十年来，她勤奋努力，不断进取，用青春和热情饱尝了教书育人的艰辛与困难，也体验了收获成功的幸福与快乐。十年来，她全心付出，无怨无悔，以高尚的师德、过硬的素养、无私的奉献，感动了学生，赢得了尊重，博得了饱含敬意的喝彩，展现了一位青年女教师的坚强与美丽！

学习·沉淀·成长

——"教学标兵"周燕玲老师的成长之路

时光如白驹过隙，转瞬即逝。我时常感慨这句名言，过去只觉得它文采斐然；如今每每读到，回想起自己从教二十载的历程，对它便有了前所未有的真切体会。匆匆行者，不觉已至不惑之年，这条教书育人的路，我也走了二十个春秋。在这条路上，既有初入行时的欣喜与不安，也有成功时的喜悦与自豪；既有困难时的苦恼与退缩，也有克服后的成长与收获……桩桩件件，历历在目。它们如明灯指引我前进的方向，如良师助我更上层楼，如益友为我扫清路上的荆棘……二十年，在历史长河中不过是转瞬即逝的浪花，却是我人生中无比珍贵的黄金时期，因为人生又能有多少个二十年！回首这二十年，不敢说在教育岗位上取得多少成绩，但确实深有感触。我是一个如此平凡的人，但我懂得笨鸟先飞的道理，多一分付出，多一些勤勉，经过二十年的积累，便多了一份属于自己的思考与感悟。回味这一切，五味杂陈，更令我喜欢在路上的感觉。写下本文时，我抱着与大家一起学习的态度，希望与大家交流成长体会，收获成长的快乐。回首往事，想起我刚参加工作不久时常常会有这样的体会：忙碌一天后，我会以"太累了、该放松一下"等托词为自己业余时间的"放假"找理由；我也会陷入这样的窘境：忙了一天，忙了一周，甚至更久，可每当回首这段时光时，往往觉得一片空白，似乎什么都没做。为什么会这样呢？经过认真思考，我发现是因为缺少了一份学习、一份反思，更缺少了一片属于自己的宁静心灵空间……如此日复一日，年复一年，当我们蓦然回首时，已然"尘满面，鬓如霜"。我不敢再这样设想，由衷地感到可怕。

或许正是这种忧患意识，让我在之后的教育工作中更多时候感到充实，也不断在进步。因为在成长路上，在学校一系列向教师倾斜的政策支持下，在学院领导和教研室同事们的齐心帮助下，还有第一届教学标兵作为榜样，引导我、激励我，我所取得的每一点成绩，都是所有这些条件的综合体现。没有完善的教学标兵遴选制度，学校里就不会有今天的教学标兵；没有学院和教研室同事们精心帮我磨课，我也不可能获得教学标兵的荣誉称号；没有第一届教学标兵们的榜样引领，我可能要走更多的弯路。他们的每节课都精彩纷呈，语调抑扬顿挫，谈吐温文尔雅，讲解旁征博引，令人受益良多。

一、集体帮助，在学习中成长

坐在书桌前，回想起刚刚毕业的那个七月。只身一人踏入即将开始教学生涯的学校大门时，心中既有对未来的憧憬，也带着些许不安。学校人事处的老师们非常贴心，将我的行李从火车站托运处运到了安排的住处。人事处的陈琼昆老师带着我到学校各个部门报到登记。计算机系的张秋刚主任亲自指导刚入职的我该做哪些准备，并建议我在九月开学后先听其他有经验的老师讲一个学期的课……终于安顿下来了。当年九月，在计算机系领导和我所在教研室的安排下，我开始听于跃青老师、叶青老师、杨琴老师和李娜老师的课。从她们的课堂上，我学到了很多：如何设计优秀的教学过程，如何在课堂上将理论与实践相结合，如何调动学生的学习积极性，以及如何将教学内容与不同专业相结合……如今，于跃青老师已经退休，李娜老师调到了其他单位，叶青老师已成为我们计算机学院的教学副院长，杨琴老师则是计算机科学与技术教研室的主任。在我努力向这些老师学习的过程中，一个学期很快就结束了。现在回想起来，如果没有这一个学期的听课学习，我的教学基本功就不会得到锤炼，教学水平也将如同无根之木，最终也不可能成为教学标兵。时间来到第二年的春天，即将正式登上讲台成为一名真正的教师时，自豪与青涩交织在一起。我依然清晰地记得第一次讲授公共基础课时的惴惴不安，以及第一次讲授专业基础课时的惶恐；我还记得第一个教学班级中45名学生中大部分的名字，并与其中的几位成了好朋友。想起我第一次上讲台前，将上课用的课件拷贝了10张软盘，其中一半是备份；还将课件中的幻灯片一张张打印出来，随身携带，有空就拿出来准备，以至于对内容达到了滚瓜烂熟的地步：随便抽出一张，都能一字不漏地复述出来。每隔一周的周五下午，教研室都会开展集体备课，集中讨论和分享教学中出现的问题。在集体备课会上，杨琴主任会让我简要汇报上课的基本情况，并提出自己遇到的各种问题，大家一起帮助我解决。这些举措对刚走上讲台的我无疑帮助极大，我在集体的支持下逐渐成长。一个学期结束后，学院对我上课情况的调查显示，学生的评价相当不错。上课之余，我给自己定下了短期学习目标：学习、学习、再学习——让自己厚积薄发。

面对时代的"变化"，唯有持续扩充并更新知识储备，方能从容应对教育教学中错综复杂的每一个环节。现代社会日新月异，"逆水行舟，不进则退"，唯有不断学习，方能紧跟时代步伐。身为高校教师，学习之迫切，不言而喻。我主要从以下几个关键方面着手加强学习。

1. 学习教育专业理论

专业的教育理论是教师职业发展的基石。我通过阅读学习，从宏观与微观两个维度入手，涵盖了国家相关的教育政策法规、纲领性文件以及教学期刊等内容。身为一线教师，深入理解和把握教育政策是开展教学工作的先决条件，而阅读教学期刊不仅能让我与同行们共同探讨教育教学问题，还能让我领略名师独特的教学风采。

2. 备课，学习专业知识

作为一位教师，尤其是青年教师，若要提高自身的专业知识水平，就必须在备课上狠下功夫。备课是教师深入理解教学大纲要求后，对教材进行钻研并重新"编码"的过程。要确保这个"编码"准确无误，教师需要广泛收集教材相关资料，不断分析、理解，直至胸有成竹，方能更好地驾驭教材。这一过程对每位青年教师而言，既是一个学习与探究的旅程，也是一次次点滴"充电"的积累。它既助力教师巩固专业知识，又使其不断发现自身不足并予以弥补，进而使课堂教学达到新的高度——"采菊东篱下，悠然见南山"，让课堂成为学生眼中的一道亮丽风景。

通过备课与学习提升，如同初次品尝咖啡，或许初时不习惯，但若坚持下去，便会沉醉于那份独特风味。为了备好一节课，我绞尽脑汁，既备教材又备学生，反复推敲，多次构建又多次推翻，直至满意；为了第二天能上好课，夜深人静时，我还会对着空气一遍遍"试讲"。我将每一节课都当作公开教学来准备，不断挑战自我，超越他人，内心暗自较劲："要上，就得上得最好！"那是一段令人难忘的青春岁月。一次次备课，一遍遍试讲，一回回修改，我仿佛如同春蚕般经历着人生的蜕变，"痛苦并快乐着"，这正是我心境的真实写照。多少个夜晚，我独自面对空气，认真讲解，反复揣摩；多少次在路上，我在校车上苦思冥想，脑海中充斥着教学内容，几乎万物都能引发我对课堂的联想。起初，我也曾犹豫，这样的付出是否过于烦琐，但持之以恒后，我体会到了其中的乐趣：每一堂课，我都能讲出新意；每一次上课，我都能收获新知。

3. 涉猎广泛

博学使教师形象趋于完美，赋予其聪慧之光。我涉猎广泛，文学作品、科幻佳作、名人传记乃至唐诗宋词，皆为我阅读之列。尤为钟爱文学著作，乐于背诵佳句美词，探寻教育领域的逸闻趣事，亦陶醉于音乐之中，以之陶冶情操。这般广泛的学习，使我在面对学生时游刃有余，在教育教学的后续工作中能够信手拈来、旁征博引，在课堂上更是得心应手。

4. 用他山之石攻玉

参加工作以来，我一直积极参与各级各类教研培训活动，怀揣谦恭之心，向专家与同行求教。我热衷于学习新教育理论，踊跃参加各类培训，以此不断拓宽视野。在此过程中，我领略到了同仁们精湛的教学艺术，确实受益匪浅。

二、制度支持，管理中成长

学校为加强教学工作内涵建设，着力提升人才培养水平，积极探索并改革创新课堂教学方法，于 2007 年出台了《教学标兵遴选与管理办法》，并自当年起启动教学标兵遴选工作。遴选程序由"选""评"至"赛"三阶段构成，全程公开透明，细致入微，为每位教学人员指明了清晰的努力方向。依据《教学标兵遴选与管理办法》，学校对获奖者颁发荣誉证书及奖励，这一举措极大地激发了教师们提升教学水平、积极参与教学标兵遴选的热情。

为进一步强化青年教师培养，提升其教学素质与能力，促进青年教师成长，确保学校教育教学质量稳步提升，学校自 2008 年起举办青年教师教学比赛。该比赛秉持"公平、公正"原则，为青年教师成长明确方向，铺设道路。有教职工私下将其誉为"教学标兵"的热身赛。学校同样对青年教师教学比赛获奖者颁发荣誉证书及奖励。受此激励，我和其他青年教师纷纷踊跃报名参赛，以期提升自己的教学水平。

在学校制定的一系列倾向于教师的政策及其他教学管理制度的支撑下，我的职业目标日渐明晰，教学能力也在参与各类教学比赛的过程中潜移默化地得到了提升。

三、在历练中成长

自身的不懈努力，是成长的必要条件。我尤为钟爱这样一句话："实践出真知，磨砺育英才。"回顾自己二十载的从教历程，最深切的感触便是：工作愈是繁忙，内心便愈感充实。因此，我为自己设定了一个新的教学实践目标——不断实践，实践再实践，以期让自己能够有感而发。

1. 实践活用

课堂教学乃教育之核心阵地，其教学能力实为评判一名优秀教师的重要标尺。课堂教学活动构成了我成长历程中的关键路径，从细致搜寻资料以备课，到精心策划教学内容，再到积极投身课前筹备，乃至悉心聆听学生反馈，并主动进行教学反思，每一步骤我都严谨以待，绝不敷衍。我曾为如何更出色地呈现教学内容而绞尽脑汁；也曾为使教学语言更为精炼而数度修订……历经此番辛勤耕耘，我深信终将收获应有的回馈。

课堂中的每位学生均为独一无二的个体，怀揣各自的思想与个性，我致力于理解他们，尊重他们，以心换心，从而赢得学生的信赖与尊重。我不会用有色眼镜审视学生，更不会仅凭成绩优劣区分对待，力求一视同仁，不偏不倚，公正无私地关怀每一位学生，总之，始终将学生置于首位。

2. 反思提升

反思具有警醒人心、促进成长的力量。在教学实践中，我勤于撰写教学反思、教学案例及教学改革论文，并主动向资深教师求教，借由文字将实践中的感悟提炼升华。我的一些教学改革论文已在省级及以上刊物公开发表。此外，我经常自觉地进行教学反思与总结，这一过程不仅让我取得了显著的进步，更让我能够清晰地认识到自身的缺点与不足，从而鞭策自己不断前行。

四、参赛实战，竞争中成长

时间迈进了 2007 年，恰逢学校颁布了《教学标兵遴选与管理办法》。借此契机，我凭借前一学年班级最佳教师的荣誉，顺利进入了教学标兵评选的第一阶段——"选"，成为参评候选人。根据教学标兵遴选流程，我提交了数年来反复雕琢的教学方案设计书、教案、讲稿及多媒体课件。一切尽在预料之中，我成功通过了第二阶段的材料评审，与同组的另外十一位老师共同晋级至第三阶段的预赛。这是我首次参与的教学比赛，也是学校高度重视的第一届教学标兵大赛。在计算机学院，我与艾国平老师一同入围预赛，学院领导对此极为重视，多次组织全院专职教师旁听我们的课程，并提出改进建议。我的教研室同事杨琴老师和熊玲珠老师，在繁忙的教学任务之余，还利用晚上的时间，在阳明校区的教室里帮我细致打磨课堂细节。

预赛如期举行，首次站在如此隆重的预赛场地上，比赛开始前五分钟，我的声音仍带着颤抖。但当我看到台下学院领导和同事们鼓励的目光时，逐渐调整好了情绪，恢复了平日授课的状态。最终，我不负众望，成功晋级决赛。然而，或许是前期的顺利让我有些自满，加之决赛中其他老师均表现出色，我最终未能获得所在组的教学标兵称号。对此，学院领导并未责备，反而给予了关怀和鼓励。他们与教研室的老师们一同分析了我失败的原因，查找了我的不足，并指出了我与获奖者的差距，鼓励我在今后的教学中向更优秀的老师学习，取长补短，不断提升自我，为下次参赛做好充分准备。

经过这次比赛，我深刻认识到，山外有山，人外有人。在学校对教学的大力支持下，每个学院的参赛老师都全力以赴，精心准备。最终获奖的老师们各具教学特色，自成体系。我意识到，我还需在日常教学中不断磨砺自己，提升教学综合能力。

在接下来的日子里，我持续钻研各类教育理论，确保自己的教育理念紧跟时代步伐；同时，借助网络资源，通过观摩名校名师的教学视频等多种方式，不断提升自身的教学水平和综合能力。在空闲时间，我聆听第一届教学标兵的课程，从中汲取经验，弥补不足。备课过程中，除了深入研究教材，我还加强了对学生的了解，力求教学更加以学生为中心。

一次在南昌参加教学研讨会议时，我意外地遇到了我所讲授课程所用教材的主编——北京大学的屈婉玲教授。会上，我缠着屈教授近两个小时，向她请教教学中的种种疑惑。屈教授耐心且细致地逐一解答，让我豁然开朗，明白了如何将枯燥的专业知识与生活实际巧妙结合。自此，我的课堂有了更加明确的方向，变得更加生动有趣。

次年，学校教务处与工会联合举办了全校第一届青年教师教学大比武。凭借参加第一届教学标兵遴选的比赛经验，加上近一年的刻苦学习和同事们的鼎力支持，我满怀信心地报名参赛。这一次，我不再像初次参赛时那般紧张，而是充分展现了自我，发挥出了最佳水平，最终荣获所在组的第一名。这一成绩，无疑为接下来的第二届教学标兵遴选增添了我满满的信心。

转眼间，又到了遴选季，我再次以前一个学年的班级最佳教师身份，成为第二届教学标兵参评候选人。经过教学材料的层层评审，我顺利进入第三阶段的预赛。赛前，教研室的杨琴老师和熊玲珠老师连续五个晚上为我精心打磨上课细节。预赛中，凭借前二次的实战经验，我成功晋级决赛。决赛场上，我已算得上是"老将"，从容不迫，将赛场视为日常课堂，20分钟转瞬即逝。最终，我的努力得到了显著回报，荣获了学校第二届教学标兵称号。

五、榜样示范，在引领中成长

榜样的力量是无穷的。有人言："播种一种思想，收获一种行为；播种行为，则收获习惯；播种习惯，则塑造性格；播种性格，则决定命运。"同样地，树立一种榜样，我们便能时刻拥有奋斗的目标与参照。因此，榜样是一种催人向上的力量，如同一面明镜，亦似一面引领的旗帜。在首届遴选失利后，我转向首届教学标兵求教，致力于提升个人的课堂教学技艺。我常光顾艾国平老师、聂晶老师、辛增平老师、程昊老师等教学标兵的课堂，默默汲取经验。得益于与艾国平老师同处计算机学院，我得以频繁求教于他，艾老师总是热情地倾囊相授，教我如何与学生成为挚友；聂晶老师的课堂宛若春风拂面；辛增平老师则以丰富的肢体语言引领听众沉浸于其世界；年轻的程昊老师，将人体解剖学讲解得深入浅出，无论听众基础如何，都能在他的课堂上获得所需。这些身边的榜样，虽无名人的显赫，却是我们自我提升、不懈奋斗的催化剂，赋予我们爱岗敬业的精神。我们也应立志成为他人眼中的榜样。回望过往的足迹，无论深浅，无论大小，皆满载值得铭记的经历。若说我在"虚心学习"与"勤于实践"上有所建树，那么过程中显露的不足与缺陷更令我警醒。无论教育还是教学，唯有亲身经历，方知学识之浅，学海无涯，唯有不懈努力。既然选择了教师这一职业，便意味着一生的奉献。我们应怀揣信心与决心，以百折不挠的勇气，铸就属于自己的辉煌人生。何其荣幸，能在江西中医药大学相遇！

周燕玲简介：副教授，获第五届江西省师德先进个人称号，并被评为江西中医药大学的教学标兵、优秀教师、优秀共产党员及优秀党务工作者，同时担任全国高等院校计算机基础教育研究会智能技术应用专业委员会常务委员。其学术成就包括主持或参与省级以上课题十余项，厅校级课题二十余项；作为主动式教学法教学团队的负责人，他还主持了校级MOOCs课程和精品课程，并参与了多项省级质量工程项目。此外，他副主编了多部教材，发表学术论文二十余篇，并获得了多项软件著作权。在教学竞赛中，他获得了第二届江西省高校青年教师教学竞赛理科组二等奖，以及第一届全国中医药信息教育中青年教师教学比赛二等奖，并多次被评为省级以上多类学科竞赛的优秀指导教师。

周燕玲代表性成果

1. 江西省教育改革重点课题《基于微信的〈离散数学〉线上线下教学模式》，主持；江西中医药大学教育研究课题《混合式学习环境下大学生在线学习力及其影响》，主持。

2.《大学计算机基础》（高等教育出版社，副主编）。

3.《大学计算机基础与数据处理》（高等教育出版社，副主编）。

4.《医院信息系统分析与设计》（电子工业出版社，副主编）。

5.《Visual Basic 程序设计教程》（中国中医药出版社，副主编）。

6.《基于主动式课堂的混合教学模式》第一作者　天津教育。

7.《基于移动平台的交互式教学模式在计算机基础中的应用》第一作者　课程教育研究。

8. 江西中医药大学"教师工作坊"主动式教学团队负责人。

9. 江西中医药大学 MOOCs 课程《离散数学》主持人。

10. 江西中医药大学精品课程《离散数学》主持人。

11. 第一届全国中医药信息教育中青年教师教学比赛二等奖。

12. 第二届江西省高校青年教师教学竞赛理科组二等奖。

13. 江西中医学院第一届青年教师教学大比武一等奖。

14. 第五届江西省师德先进个人称号。

15. 江西中医药大学第二届教学标兵。

16. 全国高等院校计算机基础教学研究会智能技术应用专业委员会常务委员。

学生眼中的郑先平老师：他不仅是一位严师，更是我们人生道路上的导师。早在大二时，我们便从学长学姐那里得知郑老师是一位严厉的教师。待到大三，郑老师亲自为我们传道授业解惑时，我们真切地感受到了他治学的严谨，同时，也被他那渊博的学识所深深折服，使我们对知识点能够做到"知其然并知其所以然"。记得疫情后的首次线下课，老师为我们带来了糖果，并说道："疫情给大家的生活带来了诸多不便与苦恼，分发糖果是希望提醒大家，即便在这样艰难的时刻，也不要忘记生活中仍有许多甜蜜。请坚信，疫情终将过去，生活必将回归正轨。"

——2019 级保险 1 班　刘峰

颁奖词：十年前，他怀揣忐忑之心，踏上了那神圣的三尺讲台。白驹过隙，时光匆匆，十年仿佛弹指一挥间。他以汗水浇灌青春，用信念照亮前程，始终秉持业精于勤、精益求精的原则，精心准备并演绎好每一堂课。他以谦虚真诚、积极向上的态度，吸引着学生，感染着学生。十年磨砺，那三尺讲台上的身影，越发显得坚定而高大！

在被动的选择下坚持自我提升

——"教学标兵"郑先平老师的成长之路

都说，教师是太阳底下最为光辉的职业。因此，许多人在童年时期谈及自己的理想时，往往会将"教师"列为首选职业，而我，却是个例外。成为一名光荣的人民教师，对我而言，纯粹是一个意外且略带被动的抉择，然而，这一抉择我却已坚守了近二十年，直至如今。教师这一职业，表面上看似轻松惬意，实则充满了无尽的艰辛。值得庆幸的是，自踏上教坛以来，我一直有家人的鼎力支持、同事的热心帮助以及领导的深切关怀，这些都为我的成长与发展铺设了坚实的道路。在此，我由衷地感谢这一路上所有给予我帮助与陪伴的人。同时，我也愿意将我的心路历程娓娓道来，希望能与后来者产生共鸣、达成共识，并相互勉励。

一、良好的成长环境

20 世纪 80 年代初，我诞生于安徽望江的一个家庭，勉强可称为书香门第。之所以言其"勉强"，是因为家中仅有爷爷、叔叔、婶婶及后来的小姑父是教师。因此，我自小便与教师群体有着不解之缘，对教师职业的认知与理解，相较于常人，显然更为深刻。孩提时代，每逢春节前夕，乡亲们总会携带着大红纸以及炒蚕豆、芝麻糖、红枣、花生，乃至黄烟丝和鲜肉等物，登门拜访，恳请爷爷撰写对联。这时，爷爷便会搬出平日里鲜少使用的八仙桌，依乡亲所需，将大红纸裁成各式尺寸，随后备好砚台，支起笔架，戴上老花镜，伏案疾书，往往一写便是大半日，即便是大年三十，也常要写到午饭时分。至于爷爷挥毫泼墨的内容，我向来不予关注，因为那时的我，心思全在那些诱人的美食上。随着年岁的增长，爷爷的眼神与精力日渐衰退，叔叔便接过了为乡亲们服务的重任。尽管爷爷仍不时在一旁指点，但那份劳心劳力的工作，已全然落在叔叔的肩上。那时，我便暗自思量，长大后决不当教师，大过年的还得忙于书写，实在是乏味且艰辛。那时贪嘴又顽皮的我未曾料到，如今大多数家庭已不再亲自撰写或请人代笔对联，而我最终也步入了爷爷和叔叔的后尘，成为一名教师。待我长到大约四五岁的光景，爷爷便开始教我背诵语录和经典，还讲述了许多我那时根本无法领悟的故事。诸如，为何"风吹荷叶千张起，雨打荷花万点红"比"风吹荷叶张张起，雨打莲花点点红"更胜一筹；又如，唐代诗人贾岛"推敲"的困惑及其最终解决之道；再如，程门立雪的典故、望江县的"三孝"文化，以及"不敢越雷池一步"的由来等。随后，爷爷会搬来一块大青砖置于阳光下，旁边摆上一只蓝边碗，碗中盛满清水，再递给我一支毛笔，让我在青砖上练习书法，直至碗中的清水用尽方可罢休。之所以选择在阳光下练习，是因为这样青砖上的水迹能迅速蒸发，使练字过程更为连贯。然而，那时的我年幼无知，正值调皮贪玩的年纪，只会反复书写"一二三四五""上中下""人口手"这些简单的字，因此总是无法坚持用完一碗水。于是，我便常趁爷爷不注意时，悄悄探头去喝碗里的水。一旦被发现，爷爷便会赏我一个"爆炒栗子"（即轻轻敲打头部），随后又会将水添满。如此一来，有时一个上午我要喝上好几碗水，也吃下不少"爆炒栗子"，以至于午饭时肚子圆鼓鼓的，脑袋也晕乎乎的。当然，奶奶见自己心爱的孙子吃不下饭，自是心疼不已，爷爷免不了要受一番数落。久而久之，爷爷对我练习书法的要求也不再那么严苛，但我仍象征性地坚持着，直到上小学。如今想来，仍对当初年少无知、敷衍塞责的行为感到后悔。

二、端正的学习态度

我一直幻想着，等到上学后，爷爷和叔叔就管不到我了。然而，我错了。进入小学的第一天，班主任江老师就告诉我，他是爷爷的学生。江老师常在班上提起，当初练字时，爷爷会冷不丁地抽走他们手中的笔，如果笔被轻易抽出，就会受到"爆炒栗子"的"奖赏"。尽管老师语气中满是对爷爷严格教育的感激，我却始终认为，小学期间偶尔被江老师"奖赏"，不过是在履行"爷债孙偿"的义务。其他授课老师中，要么是爷爷学生的学生，要么是叔叔的同学或朋友。即便叔叔在另一个乡镇教书，这些关系依然存在。虽然老师们不会因此给我任何便利，却会因这层关系将我在学校的表现告知家人。他们始终认为，像我这样家庭的孩子就该好好读书，就该取得好成绩，否则便是"大逆不道"。因此，整个小学和初中，我都在高度"透明"的环境中学习，被严格管教，不得不以好成绩换取喘息的机会。这也更加坚定了我不当老师的初衷。然而，长大后我才真正体会到，对于自律性不强的我，当初的严格教育是多么重要和必要。到了县城读高中后，家庭的管教开始鞭长莫及，学习和生活环境的变化让我逐渐松懈。与县城的孩子相比，我在英语及体育活动方面的差距明显，导致学习成绩"迈不开腿，跟不上溜"，甚至一度想辞去班委职务。就在这时，班主任金老师找到我，带我去了他家。在客厅，老师与我聊了很久，也聊了很多。那是我人生中第一次去老师家里，第一次有老师如此认真地与我交谈，耐心开导我，分析我的优势和不足，鼓励我要有信心，并告诉我该如何调整。虽然老师的原话已记不太清，但当时那种激动与感恩的情感至今仍清晰可感。也是从那时起，我才真正体会到老师对学生的影响有多大。尽管如此，我依然没有想过自己会成为一名教师。

在金老师的悉心教导下，我的成绩逐渐稳步回升，最终顺利考入大学。在选择院校和填报志愿时，考虑到母亲身体一直欠佳，我首选了省内最好的医学院校的临床专业。然而，当时仍是估分填报志愿，为了避免错失心仪的学校，我还自作主张填报了当时鲜为人知的医疗保险专业。那时，我对这个专业并不了解，只是高中课堂上听老师提过：国家正在进行住房、教育和医疗改革，相关专业人才十分紧缺。我当时想，如果不能学习治疗疾病的技术，那也要掌握解决疾病费用的技术，于是便填报了这个专业。幸运的是，我最终被医疗保险专业录取。从1999年9月起，我正式进入这个专业领域学习。然而，这个专业自1995年才开设，全国仅有三所院校设有此专业，教学方案、课程体系、教材乃至师资队伍都尚不成熟，许多专业老师都是从相关或相近专业转型而来，因此困难重重。但老师们并未被这些困难所阻，他们信心坚定，甚至带领我们本科生整理教学材料，完善教学大纲，优化教学设计，顺利将专业由五年制改为四年制；还不辞辛劳地在全国范围内为我们联系专业实习单位，并将每一位同学送到实习单位。老师们所做的一切，都是为了让我们尽可能全面地学习和掌握专业知识，以最优秀的表现毕业。实习单位的带教老师也被我们专业老师的敬业精神所感动，在实习过程中手把手地教导我们。还记得山东省立医院的丁长华老师，经常在发工资时请我们吃饭，这些对于远离家乡和亲人的我们来说，是那么的温暖。即使多年后回去看望专业老师和实习老师时，这些往事依然历历在目，温馨而感动。这也让我理解了，为什么叔叔婶婶有那么多学生在毕业多年后，会携家带口去看望他们。一个好的老师，真的会改变学生很多。

三、快速适应的能力

2003年6月，我本科毕业。那时考研远不如现在这般受追捧，自然也不是我的首选。我最初的计划是进入保险公司工作，憧憬着每天西装革履，在实务中施展才华。然而，"非典"疫情的暴发打乱了这一切，加之当时我在医院实习，无法随意离岗，错过了多家保险公司的面试机会。看到同学们陆续找到心仪的工作，我也开始焦虑，不再执着于保险公司，只要有单位招聘便投递简历。或许是缘分使然，2003年3月中下旬的一天，江中医人事处的袁春林和陈琼琨两位老师到济南招聘，我也随大流投了简历。出乎意料的是，第二天两位老师便联系到我，表示我符合学校医疗保险专业教师的招聘要求，可以立即签订就业协议。这完全出乎我的意料。

虽然我从小在教师身边长大，却从未将教师作为自己的职业定位，深知教师需要超乎常人的责任心，工作也十分辛苦。但当时的形势让我别无选择，只能默默告诉自己，这或许是最好的安排。尤其是后来在江中医遇到我的爱人，得知她的爷爷、父母、姑姑、二姨，甚至几位表妹和表妹夫都是教师后，我更加确信，成为教师就是我最好的职业选择。

2003年7月初，我按照协议约定来到单位报到，自此踏上了从教之路，一走便是十九个年头。初登讲台时，我心中难免忐忑。尽管单位组织了一系列岗前培训，但我毕竟只是本科毕业，且非帅范院校出身，缺乏系统的高等教育理论和实践培训。所幸，从小对教师职业的耳濡目染给了我极大的帮助。我仔细回忆着爷爷、叔叔婶婶、小姑父等人的教育方式，认真回想小学、中学、大学以及实习期间每一位老师的教学方法，有时甚至直接模仿。我将从他们身上学到的严谨教学态度、端正的人生观、世界观和价值观，融入自己的教学过程中。

然而，当时还面临另一个巨大挑战：我们学校是全国第一所在医学院校开设保险学专业并授予经济学学士学位的高校，没有任何可借鉴的样板。全校医疗保险专业师资仅有三位，包括我在内的两位是刚走出校门的新手，仅有一位是从相近专业转型过来的老教师，虽经验丰富，但专业背景并不完全匹配。这意味着专业建设几乎从零开始，也意味着每位老师需要承担四门左右的专业课程。对于刚走出校门的我来说，这无疑是一项艰巨的任务。有过教学经历的人都明白，自己会与教会别人完全是两回事，因此，缺乏教学经验成为我前进道路上的一座大山。

面对困境，我并未退缩。在老教授的引领下，我们逐门课程深入钻研，逐个知识点细致剖析，力求让学生听得明白、记得牢固、用得自如。就这样，艰难的日子一天天度过，坎坷的道路一步步走过。

2007年，为提升教师的教学质量和水平，学校启动了两年一度的"教学标兵"工程。对于当时教学经验和水平尚显稚嫩的我而言，这似乎是一件遥不可及的事情，因此只是默默关注。随着活动的持续开展，身边优秀的同事纷纷脱颖而出，令我深感钦佩。到了2011年第三届教学标兵遴选时，在同事的鼓励和领导的支持下，我鼓起勇气参加了这项活动。至今仍清晰地记得，那个为了准备比赛而在办公室住了半个多月的初夏——白天正常上课和处理其他工作，晚上则在办公室准备比赛材料直至凌晨。虽然首次参赛因经验不足而遗憾落败，但这次经历对我的教学能力提升显著。在教学设计、内容安排、课堂呈现以及师生互动等环节，我都比以往思考得更加全面、深入，也更加科学合理。在后来的遴选中，我连续两次获学校教学标兵称号。2016年9月，在首届全国医疗保险专业教师教学竞赛中，我获得"特等奖"。同年10月，在第二届江西省高校青年教师教学竞赛中，我取得文科组第四名的成绩，因一等奖仅取前三名，最终获得二等奖。这一路的历练与成长，充满了艰辛与挑战，但当你跨越艰难困苦后，终会发现，努力永远不会被辜负，付出终将得到回报。在一次次教学比赛的磨砺中，我的教学能力和水平得到了快速提升。

四、持续学习的精神

随着社会经济的不断发展，医疗保险领域对专业人才提出了更高要求。要培养出更加优秀的专业人才，就必须拥有更加出色的专业教师。在"要给学生一杯水，教师应该有一桶水"这一理念的指引下，我不断提升自我。2006年9月，我考取研究生，在确保每年教学任务圆满完成的同时，认真修读每一门课程；2009年6月毕业时，以专业课程第一名的优异成绩荣获"优秀毕业学员"称号。为进一步提升科研水平，实现以科研促进教学的目标，2014年9月，在学校领导及人事处、教务处（教师发展中心）、财务处等相关职能部门的大力支持下，我获得赴南开大学访学的机会，得以近距离接触高水平院校的教师，并认真学习、掌握他们的教学与科研方法。2015年2月，在南开访学指导老师的推荐下，我有幸被借调到原国家卫生和计划生育委员会体制改革司，参与我国深化医药卫生体制改革相关规划和政策的编制与研究工作。借调期间，司里领导对我关怀备至，悉心指导我如何解读政策、撰写材料、组织会议等，让我深刻体会到"师者大爱，无处不在"的真谛。借调结束时，我获得了借调单位的书面表扬和感谢。2017年9月，我考取南开大学金融学院保险学专业博士，在家人支持下，我全身心投入学业和研究工作，得到了金融学院老师的悉心指导，尤其是导师的关怀与帮助。导师作为全国知名专家，治学严谨，事必躬亲，从他身上我深刻认识到从教之路任重道远。功夫不负有心人，读博期间我荣获研究生国家奖学金、南开大学"一等奖学金"及"优秀毕业生"等荣誉称号，并于2020年8月顺利毕业。毕业后，我第一时间返校返岗，继续从事专业教学工作。我时常思考，教师虽非我最初的理想职业，但在被动选择下我并未放弃。回顾二十多年的求学经历和十九年的教学生涯，虽历经艰辛、挫折与苦难，却未取得耀眼的成绩，但我始终努力提升自我，力求为学生呈现最好的课堂。我将日常教学和比赛中的经验融入专业教学，并将求学过程中对教育的感悟与理念付诸实践，努力提升学生的课堂体验。每一届学生课程结束后，总有人向我表达感谢；多年后，仍有学生清晰记得课堂上的某句话，或与我分享他们的成就与困惑。这不仅是对我的信任，更是对我多年从教工作的肯定。我的学生中，许多人已成为我国保险行业的中坚力量，他们带着我未竟的职业理想，为我国医疗保障事业的发展贡献力量。我想，这就是我多年努力的最好回报。

最后，我想说，教师这个职业之所以光辉，是因为始终有那么一群人愿意燃烧自己、照亮他人，愿意倾尽所有、烛泪尽干，愿意以身作则、义无反顾，因此他们永远熠熠生辉、璀璨夺目。作为光荣的教师队伍中的一员，十九年来，我始终以家人和前人为榜样，不断努力进取、持续自我完善，致力于为学生打造最优质的专业课堂，传递最前沿的专业思想和技术。在未来的岁月里，我将继续严格要求自己，遵循党的教育方针和路线，坚持以人为本、德育为先，坚持春风化雨、立德树人，努力成为人民教师队伍中的优秀一员，为祖国和人民培养更多更优秀的医疗保障专业人才。

郑先平简介：南开大学保险学专业博士，江西中医药大学医药卫生管理与政策发展研究中心执行主任、副教授、硕士生导师，主要从事医疗保障、卫生经济及医药卫生政策等领域的研究。现任南开大学卫生经济与医疗保障研究中心研究员，同时为中国保险学会、中国社会保障学会、中国卫生经济学会会员，以及江西省医疗保险学会、江西省卫生经济学会会员。参与国家级课题2项，主持省部级课题5项，编写教材10余部，发表学术论文50余篇，荣获各类奖项及荣誉30余项。

郑先平代表性成果

荣誉及获奖

1. 2007年江西中医学院十佳青年。

2. 2012年江西中医学院优秀党员"先锋岗"。

3. 江西中医药大学第四届教学标兵。

4. 2014年全国中医药高等教育学会中国医药教育科学研究三等奖。

5. 江西中医药大学第五届教学标兵。

6. 首届全国高校医疗保险专业青年教师教学大赛特等奖。

7. 第二届江西省高校青年教师教学竞赛二等奖。

8. 江西中医药大学2017年度优秀教师。

9. 2019年研究生国家奖学金。

10. 南开大学2018—2019学年度"公能"一等奖学金。

11. 南开大学2018—2019学年度优秀研究生"三好学生"。

12. 2020年南开大学研究生"优秀毕业生"。

13. 江西中医药大学2021年度优秀教师。

14. 江西省第十九次社会科学优秀成果奖三等奖。

15. 2022年江西中医药大学优秀共产党员。

代表性论文

1. 郑先平，刘雅，傅强辉. 社会医疗保险异地结算问题及对策探讨. 中国卫生经济，2015，34（2）：25–27。

2. 郑先平，李梦娜．人力资本和社会资本与流动人口收入的关系——基于 chips2008 的经验数据．江汉学术，2016，35（5）：23－28。

3. 郑先平，傅强辉，刘雅．"互联网＋"背景下医疗保险异地结算路径优化．卫生经济研究，2017（5）：63－65。

4. 郑先平，巩奕彤，刘雅，等．新时期城乡居民医保整合发展思考．中国卫生经济，2019，38（2）：27－29。

5. 朱铭来，郑先平，李涛．宗族网络、保险制度与农村女性外出就业——基于 CFPS 数据库的空间计量实证分析．经济科学，2019（4）：105－117。

6. 郑先平，朱铭来．职工医保个人账户对医疗服务消费影响研究——基于 2009～2017 年省级面板数据的实证分析．保险研究，2019（11）：100－113。

7. 郑先平，童潇，吴超男，等．城市定制型补充医疗保险的地方实践与发展思考．卫生经济研究，2021，38（4）：9－11。

8. 郑先平，吴超男，童潇，等．全域化视角下医疗保险门诊费用异地结算政策完善思考．中国卫生经济，2021，40（10）：35－38。

主要课题

1. 江西省社会科学规划青年项目，城乡居民基本医疗保险制度整合实施绩效评价研究（16GL33），省级，主持完成。

2. 江西省高校党建研究项目，高校教师党员"两学一做"长效化保障机制构建研究（16DJQN94），省级，主持完成。

3. 江西省中医药科技计划项目，中医药项目纳入医保目录评判机制构建研究（2016A007），厅级，主持完成。

4. 江西省卫生科技计划项目，城乡居民基本医保制度整合背景下医疗卫生服务公平性研究（20173014），厅级，主持完成。

5. 江西省高校人文社会科学研究项目，"健康中国"战略目标下江西省医养结合型养老模式发展研究（JD17081），省级，主持完成。

6. 江西省高等教育改革课题，基于隐性职业素养培养的健康保险专业实践教学研究（JXJG - 18 - 12 - 15），省级，主持完成。

7. 江西省中医药科技计划定向委托项目，《江西省国家中医药综合改革示范区建设方案》制定研究（2020D002），厅级，主持在研。

8. 江西省教育教学改革研究项目，医保深改背景下医疗保险专业"政 - 企 - 校"联动人才培养模式研究（JXJG - 21 - 12 - 32），省级，主持在研。

学生眼中的胡伟菊老师：胡老师给我印象最深刻的是他的课堂教学，尤其是他运用的 Sandwich 教学法，形象而生动。尽管《思想道德与法治》课程内容严肃且复杂，且表面上看来与中医专业关联不甚紧密，这使得我们中医专业的学生很难对其产生浓厚兴趣。然而，胡老师总能巧妙地将教材内容与我们所学中医专业知识紧密结合，引导我们分组讨论并分析众多与中医药相关的案例和问题。在思想的碰撞中，我们对中医药相关的立法、精神以及守正创新理念有了较为深刻的理解，同时也对课程中阐述的理想信念、爱国主义、社会主义核心价值观、社会主义道德以及社会主义法治的内容有了清晰的认知。

——21 级中医 5 + 3 班　陈雨羲

　　颁奖词：他是一名平凡的教师，以严密的逻辑探寻人生真理，用幽默的语言启迪学生智慧，借清晰的事实坚定学生信念。作为教学改革的践行者，他擅长组织教学，激发学生的学习兴趣于思政课堂；擅长阐述理论，提升学生的本质辨析能力；擅长分析现象，助力学生树立正确世界观与人生观。他的不懈努力与默默付出，赢得了大学生的真心喜爱，并使他们受益终身。

做好引路人，发挥关键课程作用

——"教学标兵"胡伟菊老师的成长之路

　　要求一名教师对其27年的教学工作经历进行小结，无疑是一件既残忍又极具意义的事情。说其残忍，是因为每一次有意识地回望，都如同亲自揭开旧伤疤进行审视，如同受害者向警察哭诉往昔创伤，极易造成二次伤害；而论其意义，则在于坦诚的自我剖析能揭示事物内在的逻辑，即揭开暗箱中的"为什么"，为研究者提供宝贵的第一手资料，为后来者敲响警钟或提供借鉴，以期悲剧不再重演，喜剧得以延续。

　　自1995年9月首次站上讲台，投身于思想政治理论课的教学，我一直坚守在教师岗位上，无怨无悔地履行着传道、授业、解惑的职责。27载春秋，平凡是主旋律，但偶尔闪现的高光时刻，始终是我前行的动力。虽收获有限，但若真要列举，细想之下，倒有三点体会，愿与广大读者分享，权作茶余饭后的谈资，笑看一位普通教育工作者的长期坚守与快乐。

　　思想政治理论课，是高等教育落实立德树人根本任务的核心课程，旨在向青年大学生系统传授马克思主义的理论观点与方法。作为思政课教师，我们需引导学生捍卫"两个权威"，增强"四个意识"、坚定"四个自信"、做到"两个维护"。讲思政课，我们要理直气壮，守好自己的责任田，护好自己负责的一段渠道。作为学校第三届、第四届教学标兵的获得者，我最深的体会是：唯有做好引路人，方能充分发挥思政课作为关键课程的作用。而让信仰者讲信仰，让教育者先受教育，则是成为优秀引路人的基石。

一、敬畏规则，避免成为制度的受害者

各行各业均有其既定的规则，无规矩不成方圆，教师行业亦然。作为一名教师，首要之责在于了解规则、熟悉规则，并心怀敬畏。无论是故意为之还是无心之失，破坏规则者终将受到应有的惩罚。这些惩罚或仅限于物质上的损失，或更兼及心灵深处的拷问。

（一）熟悉掌握各层级教学文件的核心内容

事实上，每一份文件的出台都是至少针对某一个或某一类具体问题而制定的。提倡性文件旨在鼓励某一行为的发生，而禁止性文件则旨在阻止某一行为的出现。面对下发的文件，教师首先要熟悉其核心内容，迅速做出性质判断，明确文件是提倡什么还是禁止什么。以《江西中医药大学教学事故与处理办法》为例，该文件的主要目的在于规范和加强教学管理，严肃教学纪律，以减少和杜绝各种差错及事故的发生。从性质上看，该文件无疑属于禁止性文件。若不了解文件制定的背景，仅从条文表面理解，可能会误以为该文件主要是对工作在一线教师进行惩罚。这样的理解方式，难免会让教师产生不适之感，因为文件对于被认定为教学差错、教学事故等行为的处罚力度相当严厉。趋利避害的本能会让教师在教学工作中如履薄冰、如临深渊。

然而，若从培养社会主义建设者和接班人的角度，特别是培养立志弘扬中医药事业的建设者和接班人的视角，以及维护教育基本公平性的维度来看，文件中列举的可能受到严厉惩罚的行为，都会阻碍上述教学目标的实现。若这些教育目标无法实现，教育者存在的意义又何在呢？应明确一点：无论是文件的起草者还是执行者，惩罚并非终极目的。惩罚只是规范人们行为的一种有效手段，教育才是最终的目的。通过惩罚来禁止某一类行为的发生，为高等教育目标的实现提供保障。

有人或许认为，提高教育教学质量与水平，不能仅靠严苛的"法治"，还需要"以人为本"的德治。的确，"法治"必须与"德治"相结合，两

者都不可偏废。"法治"是底线，底线思维不能丢；"德治"是根本，忘本则流于末节。教师应做文件提倡之事，不做文件禁止之事，努力成为文件的受益者，避免成为文件的受害者。精准掌握各层级文件的核心内容，不断修正自己的行为，让自己在遵章守纪中成长为事业上的成功者。

(二) 正确行使权利和忠实履行义务

权利和义务是相辅相成的，它们在结构上相互关联、在功能上彼此补充、在总量上保持平衡。不存在没有义务的权利，也不存在没有权利的义务。教师不应片面地强调权利，而忽视自身应履行的义务；同时，也不鼓励教师在权利受侵时默默承受。无论是行使权利还是履行义务，都必须在现有的制度框架内进行。制度或许存在不足，但遵守制度是基本要求。即便存在缺陷，它也是当前可用的最佳方案。以"江西中医药大学教学事故与处理办法"为例，该制度尚不能称为尽善尽美。它无法保证完全杜绝所有不希望发生的教学行为，也无法确保所有不当行为都会受到同等程度的惩罚。然而，该制度是在校内广泛征求意见并借鉴其他高校成功经验的基础上制定的。可以说，它是学校当前管理教学过程的优选制度之一，且有望通过不断修订而日趋完善。教师在教学时应严格遵守学校的上述规定，不应因个人认为制度有缺陷就拒绝遵守。对于不合理的制度，可以通过正当途径反馈以促其改进，但个人看法不应削弱制度的权威性，也不应影响学校依据该制度实施奖惩。完美的制度不存在，绝对公平的政策也难以企及。在现行政策和制度框架内最大限度地维护自身权益，才是明智之举。当认为自身行为被错误定性时，教师应按文件规定及时申诉并提交相关证据，避免因情绪左右行为而导致错过申诉时机或选择错误渠道，进而加剧损失。利益受损时，指责制度的不完美无济于事；若真有所助益，那也仅在于推动制度在不断质疑中得以完善。因未忠实履行义务而受到相应惩罚，本质上是合理的。当然，制度无法保证每个人每次不忠实履行义务的行为都能得到等量处罚，这再次印证了任何制度都存在缺陷的事实。教师在行使权利、履行义务时，应时刻铭记：正义或许会迟到，但绝不会缺席。

二、顺应潮流，收获职业的荣誉感

历史潮流，浩浩汤汤，顺之者昌盛，逆之者衰微。对于教师而言，顺应历史潮流，意味着需洞察教育大势，明晰学校政策导向的发展路径，了解学校所倡导与禁止的行为。唯有不断践行学校鼓励之举，致力于成为一名优秀教师，各种荣誉才会接踵而来。成为好老师之路诚然艰辛，需倾注诸多心血。然而，当付出换得荣誉回馈时，多数教师皆会深感值得。荣誉虽非好教师追求的唯一标尺，但获取荣誉后那份由衷的自豪感、荣誉感及归属感，更令人沉醉。

（一）教师需要荣誉

荣誉如同精神的滋养品，是教师不可或缺的。荣誉形态多样，每一种都关联着特定的能力或能力的组合。你的能力范畴有多广，社会就有相应种类的荣誉在等待。教学质量与水平出类拔萃者，或可荣获学校的"教学标兵"称号，乃至省级"教学名师"的美誉；科研能力卓越者，则可能成为二级教授或知名学者；而若两者兼备，在学校中独占鳌头，那么"井冈学者""长江学者"等殊荣便有望收入囊中。社会从不吝啬荣誉，每个人也都不乏获取荣誉的潜能，关键在于是否意识到自身具备这样的能力。诚然，某些荣誉的获得确需天赋异禀，如音乐鉴赏大师、品酒师等；但更多的荣誉，只需凭借一般能力与个人奋斗即可企及，如教学标兵。教学标兵的选拔局限于学校一线教师群体，范围虽狭窄，看似百里挑一、竞争激烈，但参赛者的水平往往相当，站在同一起跑线上。评选教学标兵，关键在于考量教育理念的前瞻性、教学组织的有效性及教学效果的达成度。多数教师通过培训与学习，均能获得这些能力，并有机会赢得这一荣誉。

获得"班级最优教师"称号，则侧重于考察教师日常教学的责任心。若教师秉持"以学生为中心"的理念，从学生视角设计教学，迈过遴选门槛并非难事。至于教学方案设计、课件及讲稿等材料的评比，材料完整、规范且富有创新性，便足以助力晋级下一轮。专家评审环节，重点考察教师课堂教学的理论深度。教师只需将专业知识讲解清晰透彻，真理的力量便足以打动专家评委。而在学生和教师参与的评审中，如何有效传授知识的方法则显得尤为重要。欲摘取"教学标兵"桂冠，教师需在亲和力、科学性、针对性、创新性等方面着力提升。教师普遍拥有观察力、判断力、模仿力、写作力、表达力等基础能力，这为赢得教学标兵荣誉提供了可能。

荣誉既是教师的自我肯定，也是自我激励的源泉。一旦获得了"教学标兵"称号，随之而来的认可与奖励，将促使教师在各种场合接受更为严苛的检验。在光环之下，教学标兵会不自觉地调整自我行为，以不负这份沉甸甸的荣誉。他们将致力于弥补短板、发扬长处，力求成为名副其实的教学标兵，让质疑者无从质疑。从荣获称号的那一刻起，教师实则踏上了真正塑造教学标兵形象的征程。

（二）荣誉需要争取

大多数荣誉是平日积累的自然结果，而少数荣誉则需特别关注。无论是自然而成还是刻意追求，荣誉终究需要我们去争取。在竞争激烈的环境中，要求教师每项能力都出类拔萃，既不现实也不可能。那些需要特殊能力才能获得的荣誉或许遥不可及，但如"学校教学标兵"这类仅需一般能力即可争取的荣誉，教师仍应积极争取。争取主要体现在教师主动对照评选条件，不断调整自身行为上。

阻碍教师获取荣誉的最大因素可能是心理因素。许多老师因自觉能力不足而放弃争夺如教学标兵等荣誉的努力。有的老师虽付出努力，却一遇挫折便迅速退缩，这着实令人遗憾。不妨一试再试，总会有机会降临。那些已获教学标兵称号的老师，其实也没有十足把握能再次获得，但他们面对机会从不轻言放弃。这或许正是他们取得成绩的关键所在。

争取荣誉需对荣誉的大小有正确认识。大荣誉，即能为获得者带来巨大收益的荣誉；小荣誉，则仅能为获取者带来微薄收益的荣誉。人们往往重视大荣誉而忽视小荣誉。然而，若能不断累积小荣誉，终能积少成多，进而争取大荣誉。或许教学标兵这一荣誉算不得大，仅能让获得者在学校小范围内受益。但若教师能在各项小比赛中屡获小荣誉，积小胜为大胜不仅可能，而且非常可期。

当前，通过教学能力展示获取显著收益的机会较为稀缺，相较之下，教学能力展现的平台远不及科研能力那般宽广。然而，教师仍不应忽视参与各类教学竞赛的契机，因为这些竞赛的筹备过程能够有效促进科研能力的进一步提升。在传授知识、阐释理论及解答学生疑问的过程中，教师往往会进行深入思考，而每一次这样的思考都是其研究能力得以提升的体现。通过不断的模仿与教学传授，教师终将实现从"二传手"到"主攻手"的蜕变。

三、自我神圣化，赋予岗位以深远意义

有人言，选择教师即选择了清贫之路。然而，清贫本身并无称道之处，真正值得颂扬的是，在清贫境遇中仍矢志不渝，致力于传道、授业、解惑，成为一位优秀教师。逆境铸人，清贫之坚守同样锻造人心。诚然，高校教师的生活状态绝非绝对清贫，而是相对而言。在清贫的岗位上耕耘，与在能创造巨大财富、惠及万千民众的岗位上奉献，二者之差主要体现在物质层面，而在精神层面，它们至少是同样崇高的。

教师岗位，既普通又神圣。其普通之处在于，教师职业的准入门槛相对不高，从业者众多，覆盖领域广泛。而其神圣，则源于教师是塑造人类灵魂的工程师，肩负着培养社会主义建设者和接班人的重任。实际上，教师岗位的神圣性在理论上早已为社会大众所接受并认同，只是在实践中践行这一认知尚存挑战。当前，至关重要的是，教师需在思想与行动上切实认同并践行其岗位的神圣性。

（一）教师本就是一个神圣岗位

韩愈有言："师者，所以传道受业解惑也。"于新时代而言，传道授业

解惑即培育社会主义建设者和接班人，成就人民满意之大学，其中，立德树人乃衡量高校各项工作的核心标尺。达成此目标，教师实为关键，而课堂教学则是其主战场。故而，新时代教师之岗位，依旧神圣非凡。其神圣性，既显于任务之崇高，亦见于职责之庄严。

2014 年教师节前夕，习近平在北京师范大学考察时，勉励广大教师需"有理想信念、有道德情操、有扎实学识、有仁爱之心"，力争做"四有"好教师。2016 年 9 月 9 日，于北京市八一学校考察时，习近平强调，教师应成为学生锤炼品格、学习知识、创新思维及奉献祖国的引路人。2018 年 5 月 2 日，北京大学考察期间，习近平又指出，师德师风乃评价教师队伍素质的首要标准，教师应"以德立身、以德立学、以德施教"。正所谓"学高为师，身正为范"。教师欲引导学生捍卫"两个权威"、增强"四个意识"、坚定"四个自信"、做到"两个维护"，心怀国家大事，必先自我受教育，使有信仰者传信仰。教师需守好一亩三分地，耕好责任田。无论古今，教师岗位实则皆神圣，非但理论上的神圣，更是实践中的庄严。教师应深刻认识岗位之神圣，从立德树人、中华民族伟大复兴及弘扬中医药文化的高度，审视自身工作。岗位神圣，岗位上之人亦应神圣，德行需与职位相匹配。

（二）思政课教师更加神圣

教师是神圣的，而思政课教师更是被赋予了额外的神圣性。专业课程教师与思政课教师应携手并进，共同肩负起立德树人的根本任务。在立德树人的历程中，专业课教师扮演着隐性教育的角色，其影响力如春雨般润物无声；而思政课教师则承担显性教育的重任，他们理直气壮地传授爱国主义、理想信念及马克思主义理论，因此面临着更为严格的要求，也显得更为神圣。

步入新时代，思政课教师承载着国家与民族的深切期盼。无论外界如何评价，无论社会偏见几何，思政课教师不仅要从理论上认同其岗位的神圣性，更需在实践中将这份神圣转化为实际行动。相较于某些职业，思政课教师在物质层面或许略显清贫，难以带来直接的荣誉感；但从精神层面审视，他们却比社会上大多数职业更加富足。当学生成长为行业精英，当一句话、一个观点、一段论述足以改变人生轨迹，让个体成为时代的佼佼者，乃至在国富民强、民族复兴的伟大时刻，思政课教师的身影在学生——这些建设者和接班人的行动中得以显现时，他们无疑是最为幸福的。

成为一名优秀教师实属不易，但绝非遥不可及。好教师的标准多元，每位教师心中自有衡量之尺。好教师是规则的守护者、道德的楷模、引领天使降临人间的典范。无论身处何种岗位，教师都应铭记培养社会主义建设者和接班人的神圣使命，认真对待教学中的每一个细节，将教师的神圣性融入日常行为之中。教师职业的幸福，不在于个人的回报，而在于能否无愧于"人民教师"这一光荣称号。对于思政课教师而言，育人已超越教书，成为职业的首要追求，他们不问西东，只专注于育人。

胡伟菊简介： 男，汉族，1972 年 9 月出生，1995 年毕业于江西师范大学政治教育专业，并于 2011 年取得江西农业大学农业经济管理学硕士学位。现任马克思主义学院院长、硕士研究生导师及副教授，长期致力于高校思想政治理论课的教学与研究工作。他参与了 1 项国家社科基金项目，并主持及参与了 10 余项省厅级以上课题的研究，发表了 10 余篇学术论文。在教学方面，他荣获了 1 项省级教学成果奖，并主持了 1 项省级一流实践课程。此外，他还是江西中医药大学第三届、第四届"教学标兵"，在江西省思政课教师教学方案设计比赛中荣获一等奖 1 项，在教学基本功比赛中分别获得二等奖和三等奖各 1 项。因其出色的党务工作，他于 2012 年和2014 年两度被评为江西中医药大学"优秀党务工作者"。

胡伟菊代表性成果

1. 中国共产党中医药政策发展史研究，2021 年国家社科基金项目，编号 21BDJ024，参与，在研。

2. 基于瑞金红色资源的虚拟仿真思政课体验教学内容开发，2019 年江西省教育厅教改项目，编号 JXJG – 19 – 12 – 20，主持，结题。

3. 增强新时代思政课理论性的路径研究，2020 年江西省高校人文项目，编号 MKS20108，主持，在研。

4. 基于 VR 传承红医精神培养时代新人的路径研究，2020 年江西省教育党建研究项目，编号 20DJYB020，主持，在研。

5. 2011 年江西中医药大学第三届教学标兵。

6. 2013 年江西中医药大学第四届教学标兵。

7. 2014 年江西省思政课教师教案比赛一等奖。

8. 2021 年在江西省教育工委、教育厅举办的"学习习近平总书记在庆祝中国共产党成立 100 周年大会上重要讲话精神和党的十九届六中全会精神理论征文"中，撰写的"用中医药思维准确把握习近平'七一'讲话精神实质"一文获得二等奖。

9. 2021 年主持的《思想政治理论课实践教学课程》被认定为江西省一流实践课程。

学生眼中的钟双喜老师：尊重，无疑是钟双喜老师的核心特质。她以体贴入微的态度对待每一位学生，用自己的言行举止潜移默化地影响着他们。在学术与育人方面，钟老师并驾齐驱，不仅在科研上悉心指导每位学生，还在生活和思想上与他们进行深入交流。所有与她有过接触的人都一致表示：与钟老师交谈，总能感受到如沐春风般的温暖。正是在这种轻松自然的氛围中，钟老师教会了我们如何爱国、如何爱党、如何做人。

——2021 级公共卫生事业管理　余欣然

颁奖词：她以教书同育人并重为自己的教育追求，身体力行，传播真善美，悉心浇灌理想之花。她以真诚触动学生的心扉，用热情点燃学生的激情。那些看似枯燥的理论知识，在她的笔下变得色彩斑斓，被描绘成一幅幅美丽的风景画。她运用哲学的观点和方法启迪学生，引导学生以更广阔的视角审视人生。她热情洋溢，热爱生活，常怀感恩之心，笑对人生的每一个瞬间。

坚守三尺讲台，践行从师之道

——"教学标兵"钟双喜老师的成长之路

自 2002 年 7 月参加工作至今，已有 20 个年头。我始终将"人的一生中最幸运的事就是遇到一位好老师"作为自己的工作指南，并希望自己能成为每个学生成长道路上的一束亮光。20 年来，我一直坚守在教学一线。作为一名党员教师，我深刻认识到：在思想上，要坚定信念，不断学习理论知识，更新观念，增强创新意识，努力提高思想政治素质和党性修养；在工作中，要深入钻研教材和大纲，分析学生实际情况，认真备好每一节课，积极向老教师请教专业知识，向年轻教师学习现代化教学手段，逐步提升课堂教学质量。

一、在思想上追求上进

在政治上，我认真学习、宣传并贯彻执行党的基本路线、方针和政策，理想信念坚定，能够正确贯彻党的教育方针和各项政策，在大是大非面前立场坚定、旗帜鲜明，始终与党中央保持一致。我积极认真地参加政治学习，按时收看时事新闻，了解国家政策和国家大事。通过学习，我的思想道德素质得到了提升。我认为，教师这一职业被社会赋予了诸多耀眼的光环，作为一名教师，在享受这些光环的同时，更应恪尽职守，努力适应时代发展，为这些光环增辉添彩。我努力做到以身作则，用自己的言行诠释师德的高尚。我的导师曾教导我："你的肩上有一副担子，一头担着义务，一头担着责任。"我通过履行义务获得薪水谋生，而责任则让我明确使命，催我奋进，点亮我的人生。当我扪心自问时，问的是良心；当我倾情付出时，洒的是爱心。在讲求公德、崇尚师德的今天，我们需要这份纯真，更期盼这种纯真带来的人性升华！正因如此，我不仅自觉端正师德师风，严格执行各项规章制度，使上墙的制度规定不流于形式，更用自己的言行树立同行的典范。

二、在刻苦学习中成长

俗话说得好："要想给人一杯水，自己得有一桶水。"这句话既道出了积累的重要性，也提醒教师必须不断学习，时刻充电。作为教师，我们的学习途径是多样的：既可以通过书本学习，也可以利用网络媒体；不仅要学习专业知识，还应涉猎相关领域的知识。如今，网络如此便捷，为我们的学习提供了极大的便利。每天只需抽出半小时用于学习，不久后，你便会发现自己的进步。善于学习的人永远走在前面，只有不断提升自身素养，才能确保"桶中的水"永不枯竭。此外，我们还可以向身边的同仁学习——无论是教育战线上奋斗多年的老教师，还是初出茅庐的新锐思想，都可以成为我们学习的资源。甚至可以向学生学习，汲取他们活跃的思维和无限的创造力。学习的内容可以是教育理论专著、教学研究，也可以是与课堂教学紧密相关的知识。说实在的，学习理论知识必须趁年轻，等到年岁大了，有时想学也记不住了。一个有经验的教师必然是一个勤于反思、善于反思的人。教育教学的反思，往往最容易被普通教师忽视，而反思恰恰是教学理论与实践的最佳结合点，是撬动教师专业成长的支点，也是教师体验教育教学幸福的必经之路。有教育家曾指出："一个教师写一辈子教案不可能成为名师，但如果一个教师写三年教学反思，就有可能成为名师。"谁能坚持每天写一篇教育反思，十年后必成大器。其实，反思无处不在——可以反思所得，反思遗憾，反思快乐。如果能及时将反思记录下来，每个人积累的不仅是厚厚的文字，更是自己的心路历程与成长痕迹。因此，我希望年轻教师不仅要善于反思和总结，还要善于记录。不必每天一篇，每周或每月一篇应该不成问题。否则，我们为学生劳碌一生，到头来却未留下任何痕迹，实在可惜。或许这样做会有些辛苦，但当你回首时，一定会为自己曾经的坚持和努力感到自豪。怀着对教育事业的追求，二十年的高教生涯在探索中讲课，在修改教案、批改试卷的笔尖下，在科研的不断探究中，在上课铃与下课铃的交替声中悄然流逝。与众多教师一样，我从事着最平凡的工作，默默践行着心中不变的誓言——以育人为己任，以教育为事业。

俗话说，"学高为师"。我深知，身为一名教师，唯有不懈地学习与思考，紧跟时代步伐，方能实现创新与发展。因此，我充分利用课余时间，研习新的教育理论，持续更新教育观念，拓宽知识视野，在学习的道路上不断成长。在教学过程中，我深入钻研教材，力求精准理解，同时，通过实践探索教与学的内在联系。我积极参与各类培训活动，致力于提升个人的业务能力。每堂课后，我都会认真总结反思，虚心向其他教师求教，不断积累教学经验，以更好地把握教育规律，做到学以致用。

三、在教改创新中进步

教书与育人皆非易事，需倾注大量心血与努力。首要之务在于钻研教材。对此，既要具备深入探究的毅力，又需拥有超脱其外的自信。倘若缺乏深厚的理论知识、精湛的业务能力，简而言之，若无扎实的功底，何以游刃有余地掌控课堂？教师若底蕴不足，与学生共享课堂成果便成空谈。因此，教师们应勤于学习，勇于实践，敢于创新，趁青春年华，充实自己，积蓄力量。

其次，需研究教学方法。应强化教学研究，视其为专业成长的重要途径，多旁听他人课程，也邀请他人来听自己的课，促进相互学习与研讨。在课堂教学中，要树立竞争意识，不甘人后，紧抓每一个提升自我的机遇，毕竟，课堂教学是教书生涯的永恒主题，也是专业能力的重要体现。

最后，要研究学生。我们所面对的学生类型各异，他们的所思所想，皆需教师予以关注。对于本校学生，我们应对学生个体负责，尽力不让任何一人掉队。不仅要精心备课，提升课堂四十分钟的效率，还需投入时间与精力，辅导学习困难的学生。我校拥有一大批敬业奉献的教师，他们早出晚归，甚至牺牲午休时间为学生辅导。正因这些教师的辛勤付出，我们的教学质量才得以显著提升，教师的工作也因此赢得了家长、社会和上级的认可。认真负责、教学效果佳的教师，自然深受家长喜爱与尊敬。天道酬勤，此言非虚，付出与收获总是成正比，荣誉、地位等皆源于个人的不懈努力。身为教师，应时刻铭记：教育教学不仅是对学生成长的付出，不仅是完成他人交付的任务，更是自我生命价值的体现。

在工作中，我深刻体会到时代的进步与社会的发展，尤其在深化教育改革、全面推进素质教育、极力倡导创新教育的当下，不持续学习已无法适应。因此，我树立了终身学习的理念，积极把握每一个培训机会，不断充实自己，提升个人素质与业务能力。我将培训所学及时与同事交流，并迅速应用于教学实践中，为培养社会所需人才奠定了坚实基础。

在实际工作中，我主动向资深教师求教，虚心接纳他人的意见和建议，常主动旁听其他老师的课程，从中汲取优点。我常与同事探讨教育教学方法，不断研究并改进自身的教学方法，取得了显著成效。新形势下，教育对教师提出了更高要求，我充分利用专业知识制作课件，优化了课堂教学结构，提升了教学质量，让学生在轻松愉快的氛围中学习，促进了学生的全面发展，成效显著。

我高度重视教学方法与技巧的改革，不断探索新的教学理念，努力打破传统沉闷的课堂氛围，转变教师角色，充分发挥学生学习的主动性。同时，我积极参与学术研究，将自己在课程改革与科研中的体会、心得与同行分享。近5年来，我主持了4项省部级课题，参与了4项省级课题，并在公开刊物上发表论文8篇。

四、在爱心中获得快乐

教师是学生心中的楷模，既是学习的引导者，也是校园生活的陪伴者。教师的一言一行对学生的影响深远而持久。我深知，一名优秀的教师不仅应传授文化科学知识，更应注重培养学生的思想品德，影响他们的理想、志趣、情感和意志。正如人们常说的那样，教师是花园中精心培育幼苗的园丁，是细心雕琢心灵的雕塑家，是人类灵魂的工程师，是手持金钥匙开启学生心灵之门的人。因此，在日常教学中，我从不以言语伤害、侮辱或打骂学生，而是静心与他们交流，分析事情的利弊，让学生感受到老师的尊重、引导、关心与谅解，逐步引导他们走向积极、乐观、自主学习的轨道。我明白，力的作用是相互的。只有我加倍地关爱、理解、宽容学生，他们才会热爱班级、同学、老师以及我们的学校。衡量一名教师是否合格，最重要的标准在于其是否具备强烈的社会责任感。因为教育工作的根本意义在于通过培养合格的社会公民来优化和推动社会发展。如果教师不能时刻意识到这一点，其工作状态便停留在浅层次，缺乏深度，自然也难以获得幸福的工作体验。有些教师早来晚走，但其目的仅在于争取优秀荣誉或在年终考核中获得更多加分。随着社会的发展和时代的变迁，作为一名光荣的教师，我们应具备高度的责任感。只有拥有良好的责任感和使命感，才能更好地教书育人、管理育人、服务育人。教师的责任感赋予其独特的个性魅力。让我们成为有责任感的教师，以对教师和教育的深刻理解，明确自身责任，在特定的教育情境中尽心、尽力、尽责。

要有以身作则的原则，即教师应以自身高尚的人格形象，为学生树立起良好的学习榜样。正如叶圣陶先生所言："教育工作者的全部工作任务，在于为人师表。"人格示范构成了教师职业道德的基本特征之一。孔子亦云："其身正，不令而行；其身不正，虽令不从。"孔子的学生颜渊曾这样称赞自己的老师："仰之弥高，钻之弥坚；瞻之在前，忽焉在后。夫子循循然善诱人，博我以文，约我以礼，欲罢不能。"这充分表现出颜渊对孔子人格与学识的由衷敬佩。

教师职业道德要求每位教育工作者必须培养良好的品德、完善的人格，具备温、良、恭、俭、让的道德风范，以及恭、宽、信、敏、惠的仁人气度，从而为学生成长提供理想的人格示范标准。这是从应当如何行事的角度而言的。反之，从不应如何行事的角度看，所有不良的行为习惯，包括不良的道德习惯、生活习惯、学习习惯等，凡是不希望学生沾染的，教师都不应在学生面前有所表现。诸如庸俗浅薄、不敬师长、不守公德、言行不一、虚伪浮躁、不修边幅、不讲信用、挥霍浪费、贪图安逸、怕苦怕累、爱慕虚荣、轻学厌学等行为，教师均应杜绝。

五、在教学相长中发展

我勇于探索新颖的教学方法与手段。课前，我精心筹备，广泛搜集资料，创造性地灵活运用教材，并依据学生现有的知识水平，精选高效的教学方法与手段，确保每次授课都准备充分，力求教学方法新颖恰当，形式丰富多彩。课堂上，我面向全体学生，激励学生积极思考，勇于表达，对他们的见解给予及时的肯定与表扬。课后，我迅速批改作业，督促学生认真订正，提供个性化辅导，弥补知识漏洞，全方位提升每位学生的学习成绩。

在工作中，我尊敬领导，与同事和睦相处，妥善处理学生、教师、领导间的关系。我严于律己，无私奉献，率先垂范，严格遵守学校的各项规章制度，忠实履行教师职责，热爱学生，团结同事，全身心投入教育事业，取得了显著的教学成果，因此，在历年的考核中，我多次荣获优秀教师称号。

正如苏霍姆林斯基所言："只有当教师的知识视野远超教学大纲时，他才能真正成为教育过程中的能手、艺术家和诗人。"一个教师，若要真正启迪学生的心灵，必须具备深厚的学识底蕴。当前，教师读书少已成为不争的事实。倘若所有教师仅依赖教学参考，缺乏独立思考与判断，那么他们的知识结构与思维方式必将趋于同质化，即便教学技巧再华丽，也缺乏本质区别。在此模式下成长的学生，又怎能拥有独特的认知与发现？他们长大后，是否也会以相同的方式思考、审视自我与世界？这对教育而言，无疑是莫大的悲哀。

教师是学生求知的引路人。你对学科的热爱，沉浸于书海的眼神，对知识的娴熟掌握与灵活运用，以及学识赋予你的自信，都将潜移默化地影响学生，让他们感受到科学文化知识对精神的滋养与境界的提升，从而心生向往，积极投身于学习之中。作为教师，应全面而深入地学习掌握本专业知识，同时广泛阅读古今中外的教育理论著作，把握教育规律，站在巨人的肩膀上，方能少走弯路，迅速成长。

六、在恬静淡泊中升华人格

我一直铭记着这样一句话：选择了教师这一职业，即选择了长久的奉献。虽说"一生"或许过于宏大，但至少是几十年如一日的坚守，这要求具备持之以恒的意志与吃苦耐劳的精神。既然我们已步入教师队伍，就应以对学生高度负责的心态来赢得认可。责任心不仅体现在每日认真授课上，更在于敏锐察觉学生的细微问题，并付诸努力去不断解决。责任心强的老师，往往对工作充满热情与兴趣，我们身边不乏这样的典范，他们热爱教育事业，甘愿投入时间与精力，享受着教师独有的乐趣。

社会纷繁复杂，诱惑众多，学校并非世外桃源，教师亦非生活在理想国中，难免会受到社会矛盾的影响。因此，我们需要调整好心态，正面应对。教师亦是凡人，有情有欲，面对不顺、困惑与烦恼，我们要学会换个角度理解、换个方式处理、换个心态接受，如此方能活得轻松自在。这也才能让我们每天以明媚的笑容与孩子们交流，妥善处理好与领导、同事及家长的关系，这是工作顺利推进、快乐开展的关键所在。欲播洒阳光于他人心田，自己心中必先有阳光。教师在教育学生的同时，也应扪心自问，自己心中是否同样拥有这片光明？

在学校这个和谐的氛围中，她与同事和睦相处，与教研室老师团结协作，以宽容、谅解之心待人接物，规范言行。面对领导分配的任务，她主动承担；面对荣誉，她从不争抢。她始终保持一颗宁静淡然的心，顺境中不自满，逆境中不自弃，在奋斗中品味快乐，在淡泊中丰富自我。

教师的工作性质属于以他人为中心的社会型工作，而非谋利的经济型或谋官的权力型。教育者应深知，教育是一项默默无闻且不求尊荣的事业。教育者所获的机遇，纯粹是服务的机会、贡献的机会，丝毫未涉名利与尊荣。在教师的岗位上，既无令人艳羡的地位与权力，也无显赫的名声与财富，更无悠闲舒适的生活。教师诚然是平凡之人，但平凡绝不等同于平庸或庸俗。教育工作呼唤伟大的品格与精神，人们对从事这一特殊职业者，总有特殊的要求。作为教师这一教书育人的专业人员，对其精神和人品的要求，显然远高于其他职业从业者。诚然，教师是普通人，同样需要饮食起居，赡养老人，抚养子女；他们也有追求美好生活的权利，博取名誉、地位的权利，享受人生的权利。但教师与其他职业者的不同之处在于他们还需具备不畏清贫的品质、不急功近利的情操、不为名利所动的人格、甘为人梯的精神、视学生成长为自我成功的胸怀，以及博大宽容的气度。这便是教师被誉为太阳底下最神圣职业的原因。身为教师，我始终认为应践行为人之道、从师之道，尤其在教师绩效考核制度实施的当下，教师更应讲求敬业与奉献。我也正是如此，坚守在三尺讲台上，辛勤耕耘、开拓创新、默默奉献。凭借对事业的执着追求与强烈的责任感，我将继续在思想政治教育的道路上奋斗不息。

钟双喜简介：中共党员，副教授，硕士研究生导师，现任马克思主义学院教师，并兼任北京大成（南昌）律师事务所律师。本科阶段就读于东南大学，研究生阶段深造于江西师范大学。近二十年来，一直致力于思想道德与法治的教学与科研工作，主讲"思想道德与法治""法学概论"等课程。曾荣获全国中医药院校思想政治理论课教学比赛一等奖、江西中医药大学教学标兵等殊荣，并多次被评为年度最佳教师。主持省级课题6项，厅级、校级课题10余项；在国内外期刊上发表学术论文20余篇。

钟双喜代表性成果

1. 主持课题：突发公共卫生事件背景下高校思想政治教育研究，江西省高校人文社科课题，课题编号：SZZX2044，在研。

2. 主持课题：江西省教育科学"十四五"规划课题，突发公共卫生事件背景下大学生思想政治教育功能与实践路向研究，课题编号：20YB149，在研。

3. 主持课题：江西省教改课题：高校思政课专题化教学、项目化实践、多元化考试教学改革探索与实践——以《思想道德修养与法律基础》为例，课题编号：JXJG - 20 - 12 - 8，在研。

4. 主持课题：江西省教育科学"十三五"规划课题：思想政治教育融入大学生创新创业教育研究，课题编号：18YB172，已结题。

5. 2019 年全国中医药院校思想政治教学比赛，一等奖。

学生眼中的钟袁源老师：自大一入学伊始，我便结识了钟袁源老师，在课堂与课外生活中，我们有着诸多交集。在我眼中，他是一位爱岗敬业、幽默风趣的青年教师，严厉中不失儒雅随和。上课时，他总能以别开生面的方式开启课堂，声音洪亮且富有感染力，两手一挥，笑容满面，嘴角轻扬，举手投足间尽显端庄大方与优雅。作为师者，他传道授业解惑，课外生活中更是平易近人，关爱学生。当我们遇到学习或生活上的难题时，他总是耐心为我们答疑解惑，称他为良师益友，再恰当不过。他热衷于志愿服务，传授体育养生知识与技术，致力于传播中华优秀体育养生文化，全心全意服务于师生、学校及社会。未来，我将以袁源老师为榜样，积极投身社会服务，争做新时代的社会主义建设者和接班人。

——2019 级中医养生 1 班　赵敏智

颁奖词：他理想信念坚定，政治素质过硬，始终忠诚于党的教育事业；爱岗敬业，诚信友善，关爱每一位学生，展现出强烈的责任感和事业心。他身体力行，传播真善美，浇灌理想之花，始终秉承"健康第一"的教育理念，不断践行"文明其精神，野蛮其体魄"的精神，致力于让学生不仅拥有广博的学识，还具备强健的体魄与健康的心理。

不忘初心，一起向未来

——"教学标兵"钟袁源老师的成长之路

2022 年，举世瞩目的冬奥会在中国北京举行。赛场上，奥运健儿们一次次为国顽强拼搏的镜头令人热血沸腾；当他们登上领奖台，高举奖杯、奏响国歌的时刻，作为体育工作者的我，与运动员们一同紧握双拳、热泪盈眶。我们不仅惊叹于赛场上奥运健儿们展现的高难度动作，更敬佩他们在赛场下训练中成千上万次的摔倒与站起。正所谓"台上一分钟，台下十年功"，我们由衷地为运动员们展现的精彩卓越水平而赞美庆贺。由此，我不禁联想到去年中国共产党成立 100 周年之际，举国上下热情洋溢的氛围中，我参加了学校举办的第八届教学标兵遴选比赛，一时感慨万千。回想这一路历程，从学生时代的抬头仰望星空立志，低头脚踏实地立身，到教师时代的潜心教书育人、力行身正为范，种种场景历历在目。

一、抬头仰望星空，低头脚踏实地

在中学时代，我就被课堂上那些谈笑风生、引经据典、旁征博引的教师深深吸引。我敬佩他们能将一个个知识点如数家珍地讲述得清晰明了，彼此间联系紧密，构成完整的知识体系。我觉得教师这个职业真是太厉害了，能够将思想传递给学生，让学生又能继续传递下去。这个职业如此酷炫，让我充满了崇拜之情。尽管当时年纪尚小，但我内心受到的震撼却异常强烈，这种感觉奇妙无比。每当在电视里看到鲜艳的五星红旗冉冉升起，一个体育报国的梦想便在我心中生根发芽。

进入大学时期，我以体育特长生的身份踏入了成都中医药大学，从此与中医药结下了不解之缘。在校园中医药文化的熏陶下，我对体医融合产生了浓厚的兴趣。在保健体育专业学习的同时，我广泛阅读中医药书籍，如《思考中医》《看不见的彩虹》及《黄帝内经》等，从理论层面研习中医经典；同时，我也从实践中习练传统体育养生方法，包括太极拳、养生八段锦和五禽戏等。

然而，在成都度过的四年大学生活中，对我影响最为深远的却是一次课外实践活动。正是这次活动，让我深刻体会到了"勇气"这个词的分量！

2012年，学校举办全国高等中医药院校传统保健体育运动会时，我被大会组委会任命为开幕式大型室外表演骨干组组长，协助老师组织排练节目。从节目主题的构思、音乐的选取、动作的编排、道具的使用到人员的配合，整个筹备演出过程长达五个月，每一个环节都让我学到了书本上学不到的东西。课堂上，我可以学习专业知识，从运动生理学的角度打破内环境，使身体调整到平衡的稳态，将实践上升到理论，再用理论指导实践，做到知行合一。那时的我以学生的视角认为，只要按照老师的安排完成任务即可，似乎并没有什么难度，但现实情况却与想象完全不同。虽然训练时场地的布置很烦琐，人员协调也十分麻烦，但在巫导演（我们对老师的称呼）的带领下，一切都能一步步顺利进行。

有一次，老师因紧急事务无法到场指导训练，他在电话中将任务交给了我。巫导演说："你是骨干组的组长嘛，大家的'圈圈哥'，我相信你肯定能组织好大家。"当时我心里紧张极了，心想：我怎么能让1000人按照我的指挥进行演练呢？当我站在田径场的主席台上拿起话筒，试音时，声音都有些颤抖。但已没有任何逃避的余地，只能硬着头皮上。首先，我请大家以各自的方阵集合，由各方阵组长清点人数。待人数清点完毕后，我传达了巫导演对本次训练要解决的问题，希望每位同学都集中注意力，以最少的时间达到最好的效果。最后，我请各方阵进入候场区，按照节目的顺序——"生、天、地、人、和"五个篇章进行排练，并让音乐组就位，做好放音准备。紧接着，从第一幕"生"的启幕，直至最后以"和"为结尾的队形变换，这场长达两个小时的训练，在持续的"指导"声中渐渐步入尾声。结束时，我仿效老师的模样，对本次训练进行了点评，并随后宣布解散。望着同学们逐一离场，走出田径场的身影，我终于松了一口气，身心得以放松。随后，我向巫导演电话汇报了训练情况。巫导演在电话那头说道："你看，我就说你可以的，真不错。"听到这话，我心里满是欢喜。就这样，在训练的后半段，我时常扮演"圈圈哥"导演的角色。正是这样的实践过程，让我明白，遇到任何事情都要勇敢去做，在实践中学习和成长。正是因为这些成长的养料，让我在毕业时有勇气报考北京体育大学的研究生，并幸运地通过了考试，顺利进入北京体育大学武术学院，攻读民族传统体育专业体育养生方向。在此期间，我收获了一个词：责任！

在研究生阶段，我有幸参与了东京交流实习项目，并在全日本健身气功联合会担任讲师一职。每周二上午，我会在松丘街道的教室内，面向社会开设《中国导引养生》讲习课，学员多为当地日本民众。由于是初次在海外授课，我起初仅是抱着尝试的心态，意在拓宽视野，因此授课时并不十分严谨，备课亦不够充分。

记得首次授课时，我与日语翻译一同前往教室，通勤全程需先乘电车约三十分钟，再转乘公共汽车三十分钟，最后步行五分钟到达。讲习班的学员年龄跨度极大，从二十多岁至八十多岁不等，其中两位年逾八旬。在一次课程练习中，一位八十四岁的学员通过翻译向我提出，她感到有些疲惫，希望能稍作休息。尽管非常渴望与大家一同练习，但体能已难以支撑。我随即回应，若感疲惫，可自行休息。得到我的许可后，她向翻译致谢，并向我鞠躬，随后坐下休息，但目光始终关注着练习中的我们。大约五分钟后，她起身重新加入练习队伍；又过了十分钟左右，她再次以手势示意疲惫，我点头应允，她又去休息了；几分钟后，她再次加入练习。如此反复，一个半小时的课程中，她这样练练歇歇，共有四五次之多。

课程结束后，她特意拉着翻译过来，向我解释她的情况。她表示，自己对中国传统文化有着浓厚的兴趣，尤其喜爱中国的传统体育养生方法，认为这对她的身体状况大有裨益。回程时，她与我们同行，先步行，再乘公共汽车，最后乘电车。当我和翻译下车时，她告知我们她还有两站路，我内心不禁为她的学习精神和态度暗暗称赞。

自那以后，我暗自下定决心，每次授课前都要认真备课，课中保持精神饱满，课后则认真总结反思，以不负学生们的期待。研究生毕业后，我获得了宝贵的机会，来到江西中医药大学体育健康学院，担任民族传统体育教师，正式开启了教书育人的新篇章。

二、潜心教书育人，力行身正为范

水之积若不厚，则其承载大舟之力必显不足。身为专职教师的我，深知扎实的学识乃是好教师的坚固基石。在从事专职体育教师这一职务期间，我始终致力于在以下五个方面不断自我磨砺：一是思政育人，以身作则；二是率先垂范，树立榜样；三是刻苦钻研，精进技能；四是德艺双修，内外兼备；五是仁者爱人，奉献社会。

1. 思政育人，贯穿始终

秉持"文明其精神，野蛮其体魄"的教学理念——此语源自毛主席《体育之研究》，意指仅有强健体魄而无精神提升，难以成就整体素质的飞跃。体育锻炼与精神塑造并行，方能收获至美。在运动养生八段锦的课堂上，我注重融入思政元素，如展示湖北武汉方舱医院医患练习八段锦的视频、高中生课间习练的照片，以及新华社、"学习强国"等主流媒体对八段锦的推荐文章，以此引导学生关注国家时事，强化"健康第一"的理念。学习八段锦，不仅是掌握一项运动技能，增强体质和免疫力，更是对国家的一种支持，赋予学生崇高的使命感。

2. 率先垂范，争做标杆

我始终坚守岗位，严格按照学校教学计划授课，年课时量逾400课时，涵盖大学体育、太极拳、运动养生等课程。教学中，我全面贯彻党和国家的教育方针，将课程思政融入每一环节，积极探索体育教学规律，改进教法，提升质量。以太极拳教学为例，我紧扣其文化性与健身性，通过调身、调息、调心三阶段，实现三调合一的教学目标。调身阶段，强调"形为神之宅"，引导学生做到中正安舒，稳固调形基础；调息阶段，注重呼吸细匀深长，与动作形式、节奏、时相协调；最终，形气神三者合一，动作动静结合，松紧相宜，达到最佳学习效果。因重视课程思政，彰显育人目标，创新教学模式，我荣幸获得 2020 年江西中医药大学青年教师教学比赛一等奖。

3. 刻苦钻研，乐于学习　高等教育的发展规律昭示我们：培养创新型人才的核心在于教学，而教学的关键则在于教师。科学研究不仅是教师自我完善与发展的必由之路，更是锻造开拓创新精神和顽强拼搏品质的熔炉，因此，教学须有科学研究的坚实支撑。我积极参与国际健身气功论坛、中国人工智能教育大会、运动处方国际论坛、国际运动康复大会以及中国高等教育博览会等活动，旨在拓宽视野，强化专业与科研能力。近三年来，我主持了厅级课题 2 项、校级课题 3 项，参与编写了 1 部教材，参与了 3 项省部级课题，并发表了 6 篇学术论文。其中，《马王堆帛书（画）的分析及对健身气功处方框架构建的启示》获得第三届世界健身气功科学论坛金奖；《习练健身气功·导引养生功十二法对老年女性身体机能运动素质的影响研究》则获得了中国健身气功科学论坛优秀论文一等奖。

4. 德艺双修，以身作则

我深知先育人后教书的道理，以强烈的育人责任感，努力成为学生品德修养的楷模，引导他们成为高尚而纯粹的人。我积极投身于全国健身气功涉外培训讲师、全国中医药院校传统保健体育教练员、篮球国家一级裁判员等培训，以赛促练，代表学校参加了全国健身气功气舞大赛、江西省第四届职工运动会、江西省花样跳绳比赛等赛事，并先后荣获江西省首届大健康杯花样跳绳比赛教师混合组一级第一名、全国健身气功气舞大赛三等奖、江西省第四届职工运动会 42 式太极拳冠军及 32 式太极剑季军。

在备战 2019 年全国健身气功气舞总决赛期间，作为主力队员和助理教练，面对繁重的任务和紧迫的时间，我与队员们每日深夜仍在磨炼技术、强化队形配合、提升音乐节奏熟练度。然而，队员水平不一，加之一名队员因感冒发热缺席一周训练，导致全队进度受阻。这名队员情绪低落，训练效果不佳。我察觉到这一情况后，利用休息时间对其进行开导，为其树立信心，详细讲解技术要点、文化内涵及音乐节奏，并手把手进行教学示范。渐渐地，这名队员的技术有了显著提升，团队配合也越发熟练，氛围重新变得积极向上。经过一个月的日夜拼搏与辛勤训练，我们最终获全国二等奖，学生的汗水得到了回报，自信心得到了增强，学校的影响力也随之扩大。

5. 仁者爱人，奉献社会 仁者爱人是中华优秀传统文化的精髓。中华优秀传统文化已成为中华民族的基因，根植于中国人内心，潜移默化地影响着中国人的思想方式和行为方式。无论过去还是现在，这一文化都展现出鲜明的民族特色和永不褪色的时代价值。我深知教育是一场心心相印、充满爱意的活动，因此在工作和生活中，我始终以真诚、平等的态度对待每一位学生，用爱培育爱、传播爱，以仁爱之心让学生在如阳光般温暖的教育中绽放光彩。

在志愿服务方面，我始终积极主动。作为一名新时代的教育工作者，我深知吃苦在前、奉献为先的重要性。自工作以来，我积极关注学校课外体育活动的动态，主动承担师生课余活动的指导工作，经常义务指导教师和学生的体育锻炼活动。在担任功法队教练和社团指导老师期间，我积极组织并参与学校体育活动，指导学生在全国高等院校健身气功锦标赛中荣获 3 金 1 银 2 铜，在江西省健身气功比赛中获得一等奖 3 项、二等奖 5 项。我个人也获得了江西省"留动中国"优秀教练员称号。此外，我还先后组织学生参与了世界中医药大会开幕式、我校 60 周年校庆晚会、上海合作组织传统医学论坛开幕式等活动的演出，丰富了师生的课余生活，赢得了广泛好评。

在服务社会方面，我乐此不疲。我先后担任了全国健身气功站点联赛

（江西选拔赛）、江西省第六届全民健身运动会健身气功比赛、校运动会等比赛的裁判；代表学校参加了江西省文化巡展，展演了传统保健体育太极拳和八段锦；并作为讲师参与了江西省健身气功健康扶贫巡回教学（抚州、上饶、宜春等地）。我还以传统保健体育课的形式，将中国传统体育文化送进机关（如红谷滩区政协、江西省强制戒毒所）、学校（如南师附小、湾里一中、三小）、医院（如江西省中医院），为全民健身和健康中国贡献了自己的力量。

三、凝心磨炼教学，聚力勇夺标兵

教学标兵遴选比赛是学校加强教学工作内涵建设、提升人才培养水平及积极探索课堂教学方法改革与创新的重要抓手。荣获教学标兵称号，是对教师个人的极大肯定与鼓励，因此从教师个人到教研室，乃至整个学院，都对此高度重视。

1. 传帮带筑基础　体育健康学院的领导班子历来高度重视学院的教学工作，严格遵循学校的各项规定，精心准备教学大纲、教学设计与教案等材料。他们积极组织各教研室开展集体备课活动，深入探讨教学设计与方法，并分享彼此的教学心得与反思。正所谓"一枝独秀不是春，百花齐放春满园"，集体备课不仅汇聚了教师集体的智慧，实现了资源的有效共享，还有助于精准把握教学重难点，全面提升整体教学水平。

为加强对青年教师的培养，学院专门实施了"传帮带"项目，即由高级职称教师指导帮助中低级职称教师，以此促进青年教师的专业发展。榜样犹如旗帜，引领着前行的方向。至今，我仍清晰记得初入职时，目睹体育健康学院的前辈们在讲台上侃侃而谈、挥洒自如的情景，同学们亦是兴致勃勃、激情四溢。那一刻，向榜样学习的种子便在我心中悄然种下。正如一粒种子唯有深植沃土方能生机盎然，一名教师也唯有置身于崇德尚学、立德树人的校园氛围中，方能蓬勃向上！

2. 赛前聚力磨炼　在学院领导和同事的信任、支持与鼓励下，我有幸参与了教学标兵竞赛，深感自豪。我始终坚信，榜样的力量是无穷的，能够传递无限的正能量；通过这次竞赛，我得以向众多优秀教师学习，从而提升自身的教学水平。赛前，学院精心组织了多次磨课活动，邀请老师们共同探讨教学策略：有的强调重难点分析的重要性，有的提倡深度融入课程思政元素，有的关注仪态仪表的细节，有的注重课程节奏的把控，还有的建议 PPT 课件应更加美观生动……每位老师真诚的建议，都促使我的课程设计不断完善，教学水平逐步提升。正是这些点滴积累，让我更有信心与能量投入竞赛。初赛后，我虽略感疲惫，但决赛的准备过程却尤为刻骨铭心。决赛前一晚，我反复修改教学设计，那些词汇与动作几乎倒背如流。学院领导、老师及同学们始终陪伴在赛场至深夜，决赛当天清晨仍在协助我调整音乐、完善 PPT，他们毫无保留地给予我帮助。当时，我在心底默默告诉自己，定要不负这份热爱，不负大家的陪伴与鼎力相助，努力让所有人因我而自豪。

3. 赛中加油助威 每次参加比赛，都能感受到满满的幸福，因为学院的老师们总是悉数到场，为我们加油助威。在赛场上，我曾无数次下场时听到那雷鸣般的掌声，这让身为参赛者的我深切感受到，我并非孤军奋战。我只需在这个大家庭的面前，尽情展示自己的风采。比赛结束后，每一位到场加油的老师都会走过来，为我庆祝并送上真挚的祝福。能在人生的青春年华里，有幸踏入江中这片沃土，成为体育健康学院这个温暖大家庭的一员，我深感幸运。在兄弟姐妹们的信任与帮助下，我这个原本微不足道的小人物，才得以茁壮成长。

四、不忘育人初心，一起向未来

十年树木，百年树人。回顾我的求学与工作历程，中学时期仰望天空，立下投身教育之志；大学实践让我收获了勇气与责任感；工作过程中，我始终将思政育人贯穿其中，率先垂范，争做标杆；刻苦钻研，乐于学习；德艺双修，以身作则；仁者爱人，在奉献社会中修炼自我。在教学标兵竞赛中，我有幸获奖，这离不开体育健康学院全体老师及帮助我的朋友们，我深表感激。前事不忘，后事之师。作为一名党员教师，我始终不忘为党育人、为国育才的初心；唯学唯人，求强求精；知行合一，笃行致远。为感谢领导、老师和学生对我的信任，为回报学校的培养，我将把这份感激化为行动，始终牢记习近平总书记对"四有老师"——有理想信念、有道德情操、有扎实学识、有仁爱之心的要求，在立德树人的道路上严而不缚，爱而不纵，以身作则，与时俱进；以"文明其精神，野蛮其体魄"为抓手，将智慧与力量奉献给学校，奉献给党的教育事业，勤奋敬业，激情逐梦，让学生拥有强健的体魄，树立远大的理想，成为新时代的社会主义建设者和接班人，共同为实现中华民族伟大复兴的中国梦奋斗终身。

钟袁源简介： 中共党员，硕士，副教授，现任北京体育大学体育健康学院民族传统体育教研室副主任。秉持"文明其精神，野蛮其体魄"的教学理念，主要从事民族传统体育养生理论与实践研究。曾赴日本、荷兰、澳大利亚等国家进行讲学、报告和表演；多次应邀在政府机关、社区、学校、医院等机构讲授体育养生知识和技术。代表性学术成果包括：主持厅级课题 2 项、校级课题 3 项；参编教材 1 部，参与省部级课题 3 项，发表学术论文 6 篇，荣获第三届世界健身气功科学论坛金奖及中国健身气功科学论坛优秀论文一等奖。在运动竞赛方面，曾获第十二届国际导引养生功大赛金奖、江西省第四届职工运动会太极拳冠军、2020 年江西中医药大学青年教师教学比赛一等奖、2021 年江西中医药大学第八届教学标兵等荣誉；指导学生参加全国高等院校健身气功锦标赛，获得 3 金 1 银 2 铜的优异成绩。

钟袁源代表性成果

1. 主持厅级课题 2 项，校级课题 3 项。

2. 参编教材 1 部，参与省部级课题 3 项，发表学术论文 8 篇，荣获第三届世界健身气功科学论坛金奖。

3. 中国健身气功科学论坛优秀论文一等奖。

4. 指导学生参加全国高等院校健身气功锦标赛获得 3 金 1 银 2 铜。

5. 获第十二届国际导引养生功大赛金奖。

6. 江西省第四届职工运动会太极拳冠军。

7. 2020 年江西中医药大学青年教师教学比赛一等奖。

8. 2021 年江西中医药大学第八届教学标兵。

学生眼中的姚凤云老师：这是我进入大学以来最忙碌的一门课，也是抱怨最多的一门课。然而，姚凤云老师却是我迄今为止遇到的最负责任的老师。她不仅在专业知识上倾囊相授，更在人生道路上为我们分享过来人的宝贵经验。这些经验，在我看来，是她除了方剂知识之外给予我的最大财富。毫无疑问，能够聆听这位方剂学界的泰斗授课，是我们莫大的荣幸。感谢老师的谆谆教诲，也感谢她的用心良苦与耳提面命！

——2019级针灸推拿3班　钟东霖

颁奖词：她来自中国最北方，身上洋溢着东北人的热情与豪爽，也凝聚着龙江人的勤劳与智慧。她将这一切倾注于自己热爱的中医教育事业。"严"与"爱"是她的教育风格。多年来，她以严谨求实的态度严格要求学生，以真诚的笑容感染学生，以渊博的学识启迪学生，让他们爱上中医，坚定走中医之路。这正是她最大的心愿与教育追求！

教学改革永远在路上

——"教学标兵"姚凤云老师的成长之路

一、备教学大纲，明确课程定位、准确把握教学目标

方剂学是研究治法与方剂理论及其临床应用的学科，是中医学体系中重要的基础学科之一，也是中医学辨证论治理、法、方、药体系中的关键环节，更是联系基础与临床的纽带与桥梁。结合学校培养"实践型、创新型、创业型人才"的定位，通过学习，学生应掌握方剂学的基本理论、组方原理与配伍特点，并实现以下目标：①具备分析、运用方剂及临证组方的辨证思维能力；②具备自主学习及独立解决综合性问题的能力；③掌握系统的中医学基础理论和专业知识，具备良好的人文科学素养、职业素养以及深厚的中国传统文化底蕴；④拥有较强的中医思维能力、临床实践能力、中医传承能力、科学思维与合作创新精神；⑤实现知识、能力、素质的协调发展，毕业后能够在各级中医院、综合性医院、教学科研机构从事医疗、预防、保健、康复、对外交流及文化传播工作，成为高素质应用型专门人才。

二、备学生，明确课程与教学改革要解决的重点问题

1. 通过备学生，了解学生心理特征、思想行为及实际困难

（1）学生心理特征研究　研究和了解学生的心理特点，尤其是学生群体中普遍存在的共性心理因素，有助于使我们的教学更易于被学生接受，从而取得更好的教学效果。一般而言，学生听课的心理特点主要包括以下几点：①求新心理：越是新鲜的事物，越能激发学生的愉悦感，越能引起

他们对外界刺激的注意。人们对新鲜事物往往有一种先睹为快的共同心态，这就要求教师在信息传递上做到立意新颖、内容创新、角度独特、技巧巧妙，从而最大限度地激发学生接受和理解信息的热情与兴趣。②求真心理：信息的真实性或客观性是赢得学生信任的根本保障。特别是在讲授专业知识时，只有确保信息内容的科学性和真实性，才是对学生的负责，也才能赢得他们的信赖与尊重。否则，不仅可能误导学生，还可能引发他们的逆反心理。③求近心理：学生往往更关注发生在自己周围、与自己相关的事情，这也是他们直接或间接的需求，影响着他们对信息的选择。这种"求近"包括生活、地域、情感、认知和知识上的接近，与日常生活密切相关。因此，教师的授课内容应紧密结合专业实际和现实生活，避免空洞无物。④求短心理：学生普遍倾向于接受短小精悍、一目了然的信息，而对那些冗长单调、内容重复的信息则大多持排斥态度。社会竞争的加剧和生活节奏的加快，使得人们希望在有限的时间内获取尽可能多的信息，"长话短说"正是这种求短心理的体现。此外，学生的心理特点还包括求奇、求乐、自尊等。教师应客观、全面地把握学生的心理特点，以实现最佳的教学效果。

（2）学生思想行为特点　学生置身于现实社会之中，与各种社会现象频繁接触，对这些现象有所感知、有所思考。他们既能目睹社会的光明面，感受到现实生活的美好及党的路线方针政策的正确指引，也会遭遇诸多丑恶的社会现象，从而引发种种困惑的认识。同时，他们还会就各种社会现象及自身面临的困境提出诸多问题。面对此情此景，教师不应回避这些客观现象和问题，而应紧密联系学生的思想实际进行教学。要深入研究和了解学生的思想状况，既要把握不同专业学生普遍存在的思想倾向，又要关注个别学生的思想问题，并善于区分导致这些问题的不同因素，有针对性地开展教育工作。

以医学专业学生为例，他们普遍面临两大思想问题。一是专业思想不够稳定，原因有三：中医晦涩难懂、学习难度大，导致学生产生畏难情绪；部分学生认为中医缺乏科学性，过分依赖经验和主观意识；专业就业前景不明朗，毕业后难以找到合适的工作岗位。这些问题严重挫伤了学生的学习积极性。研究表明，大学生的学习成绩与其专业思想的牢固程度密切相关，而与高考入学成绩关系不大。因此，教师在备课时应充分考虑这些因素，在教学中积极疏导，有针对性地进行思想引导，如传授学习方法、展示中医临床治疗的显著效果、引导正确的就业观念等。

二是医生职业道德观念的问题。部分学生存在拜金主义思想，认为医生职业能迅速致富，将来工作后，赚钱多少成为衡量能力的标准，甚至盲目崇拜那些不择手段、获取不义之财的医生或商人。对此，教师应进行正面引导，在教学中选取古今医德高尚、扶贫济困的典型事例进行介绍，以培养学生正确的职业道德观念，明确医生职业的义务、责任和使命，并强调"君子爱财，取之有道"的基本道德准则。

了解学生的思想行为，不仅要从静态的角度去认识，更要从动态的角度去把握，即要及时关注学生的变化。例如，学习情绪和学习积极性的波动，组织纪律和兴趣爱好的转变，受到老师批评或表扬后的反应，以及考试成绩带来的情绪变化等。针对这些变化，教师要及时察觉和发现，并给予正确的引导。

（3）学生面临的实际困难　当代大学生的状况呈现出三大特点：首先，他们正处于青春期，思想尚未稳定，且初次远离家门，自理能力较弱，但思维敏捷、思想活跃，怀揣理想与抱负。大学教师是他们信赖的朋友和倾诉对象，他们乐于与老师探讨生活、未来、人生、爱情和幸福。教师有责任和义务成为他们的良师益友，在思想和行为上给予指导，帮助他们健康成长。其次，他们正从文化知识学习转向专业知识学习，从中学的被动学习方式转向大学的自主学习方式。在这一转型过程中，许多学生面临认知障碍，需要寻求教师的帮助。教师应根据学生的具体情况，协助他们合理制定学习目标、计划和方法。最后，他们缺乏社会和生活的阅历，家庭中难以避免的问题和困难也让他们忧心忡忡，却又缺乏有效的解决方法和承受能力，如经济负担、官司纠纷、亲人病情等。教师应为他们出谋划策，减轻他们的思想负担和压力。例如，医学专业学生最常向教师寻求帮助的问题之一便是家庭亲人的病情咨询，专业教师应详细了解情况，提供处理建议。

2. 在充分了解学生的基础上，明确课程与教学改革要解决的重点问题

（1）中医思维缺失 辨证论治是中医的精髓，也是对中医思维的高度概括，而理、法、方、药则构成了中医辨证论治的全过程。作为中医学专业的核心课程，方剂学面向大学二年级学生开设。尽管这些学生对辨证论治过程中的理、法（中医基础理论、中医诊断学）和药（中药学）已有初步了解，但由于他们大多成长于现代科学的学习环境中，对中医知识的学习和理论的理解普遍存在畏难情绪，中医思维难以建立，甚至严重缺失。因此，作为中医思维中理、法、方、药的重要一环，方剂学课程肩负着引导学生将"理法方药"融会贯通，进而建立中医思维的责任与使命。

（2）中医信念缺失 在问卷调查及与学生的课后交流中，我们发现中医专业学生普遍存在中医信念缺失、中医思维西化的现象。这固然与学生中医思维不够深入或不够精湛有一定关联，但更为关键的是与任课教师的引导息息相关。尽管有"师傅领进门，修行在个人"之说，但教师的"引领"无疑是学生"修行"方向的决定性因素。因此，激发学生对于中医的兴趣，强化学生的中医信念，也成了方剂学课程教学改革的重要任务之一。

（3）方剂基础知识薄弱，临床运用能力欠缺 "汤头歌诀"汇聚了历代医家的智慧，背诵方剂歌诀是牢固掌握方剂基础理论与知识的有效途径。然而，我们发现许多学生未能认识到背诵方歌的长远益处，多采用"趣味记忆""编顺口溜"等短期效果显著的记忆方法，导致出现"平时散漫学习，考前突击复习，考后知识遗忘，临床开方困难"的现象。因此，夯实方剂基础知识，提升学生临床灵活遣药组方的能力，是方剂学课程教学改革最为关键的任务。

（4）自主学习及问题解决能力欠缺　受长期应试教育观念的影响，成绩往往成为衡量学生优劣的主要标准，中小学生大部分时间都被教师的授课占据，成了被动的知识接受者。尽管大学阶段没有了升学压力，大学生拥有了一定的自主时间，但这些经历过机械训练、缺乏主动性、自觉性、独立性和创造性的学生，依然难以自控，自主学习及解决问题的能力明显不足。因此，培养学生自主学习及解决综合性问题的能力，提升其未来医学从业素养，同样是方剂学教学改革的目标。

三、基于教学目标、围绕课程与教学改革要解决的重点问题，进行行之有效的教学与评价环节改革

1. 教与学的改革

（1）针对课上讲授部分　灵活运用以下八大教学法：①历史回顾法：在讲授"方剂学发展简史"这一总论时，鉴于理科学生可能对历史及其时代特色了解不足，我们采用"历史回顾法"。每当讲到对方剂学发展影响深远的医学著作时，会穿插介绍当时具有重大影响的历史事件。例如，在讲述《伤寒杂病论》对方剂学的影响时，特别指出该书成书于东汉末年，并借助历史名著《三国演义》，引入曹操、刘备、孙权为代表的魏蜀吴"三国"纷争的历史背景，以帮助学生理解"大兵之后必有大疫，重症大疫出良医"的深刻含义。谈及孙思邈的《千金方》时，则强调"千金"命名的由来——"人命至重，有贵千金，一方济之，德逾于此"，并引导学生复习医古文中的"大医精诚"，在"温故知新"的同时，让他们认识到历史上杰出的医家首先是因"医德"高尚而名垂青史，孙思邈作为"药王"，正是"大医"的典范，值得我们学习效仿。②图片展示法：在讲授方剂的药物组成时，均配以中药彩色饮片图，以增强学生对药材的识别能力。③框图演示法：讲解证治机理或方剂解析时，常用框图演示，力求表达直观清晰。④名医激励法：针对学生对中医学习感到困难、认为中医难懂难学，以及担忧就业前景、信心不足等问题，团队常采用"名医激励

法"。此法通过分享古今名医学习中医的历程，激励迷茫中的学生坚定中医信念。例如，在讲授辛凉解表剂银翘散、桑菊饮前，先介绍方剂作者吴鞠通的学医之路，以此为例，让学生明白中医之路虽艰难，但只要坚定信心、踏实钻研，定能成为优秀的医生。⑤实例穿插法：在讲解某些方剂的临床应用时，我们常选取典型的临床案例，并用生动鲜活的语言讲述给学生。这些贴近临床的案例能极大地激发学生对方剂的兴趣，加深他们对方剂的理解，增强他们对中医方剂治病的信心，从而提高他们学习方剂学的积极性和主动性。例如，国医大师段富津教授运用清营汤加减治疗糖尿病伴发肺感染、清胃散加减治疗胃火牙痛的经验；邓铁涛教授使用补中益气汤治疗重症肌无力的经验；成都中医药大学邓中甲教授以逍遥散加减治疗不孕不育症的经验；以及江西中医学院万友生教授利用四君子汤加减治疗肾炎蛋白尿的临床经验等。⑥采用证析法教学：在讲授各论中的具体方剂时，鉴于当前《方剂学》教材的内容组织顺序——方名、组成、用法、功用、主治、方解，与临床中"方从法出，法随证立"的逻辑不相吻合，这导致学生缺乏临证思维。为了培养学生的临证思维，我们采用了"证析法"进行教学，即先阐述主治证的病机与临床特征，提出治法，再对方剂的组方用药及其配伍内涵进行深入分析。这种方法充分展现了中医理、法、方、药临床治病的步骤、方法和规律，各环节紧密相连，适用于主治与方解关系紧密的方剂，如大柴胡汤、理中丸、四君子汤、补阳还五汤等。⑦运用以方测证法：针对部分学生"死记硬背"的学习特点，为了培养他们在理解基础上的背诵能力，我们团队采用了"以方测证法"进行教学。即先对方剂的配伍作用特点进行归纳分析，再联系主治证进行讲解。这种方法适用于作用特点鲜明的方剂，逻辑性强，有助于学生更好地掌握功用主治，如九味羌活汤、小青龙汤、逍遥散、龙胆泻肝汤、参苓白术散、六味地黄丸等。⑧故事导入教学法：对于具有生动故事情节的方剂，如普济消毒饮治疗瘟疫、补中益气汤治疗发热的故事等，我们常采用故事导入教学法。即先从方剂相关的故事情节入手，再自然过渡到正文的讲解。这种方法生动有趣，引人入胜，能给学生留下深刻印象，教学效果显著。

（2）针对自主学习部分　常采用八大教学法：互动法、病案分析法、温故知新法、以问题为导向的自主学习法、PBL（Problem – Based Learning）法、比较法、归纳总结法及强制方歌背诵法，以下选择性介绍其中几种：

①互动法：为了激发学生的学习积极性，促使学生由被动跟随老师的思维转变为主动与老师共同思考，我们在方剂学的某些内容环节上运用了互动法。例如，在讲解如补中益气汤主治"气虚发热"的机制这一难点时，老师先提出问题，随后给予学生几分钟时间思考、讨论，并鼓励他们发表见解。老师则针对学生的回答给予恰当的点评。这种方法不仅提升了学生学习的积极性和热情，还锻炼了他们的语言组织和表达能力。

②以问题为导向的自主学习法：在2014年春季学期末，我们团队对所授课班级进行了基于教学效果评价的无记名问卷调查。结果显示，61.04%的学生表示，教师引导下的自主学习是他们最喜欢的学习方式。因此，自2015年春季学期起，方剂学教学团队以泻下剂、补益剂、祛痰剂等部分方剂为主要内容，在中医专业各班实施了以问题为导向的自主学习教学改革，并采用了自主课堂的形式，以学生为主体进行课上宣讲与讨论。经过几年的实践，大部分学生表示，这种教学方式显著提高了他们自主解决问题的能力，如查阅资料、语言表达、PPT制作等；同时，也增强了团队协作精神，促进了情感的沟通与交流。

③PBL法：近年来，PBL法被国际上一些知名大学广泛采用，其在调动学生的主动性和积极性，以及培养学生解决问题的技能和自主学习能力方面具有显著优势。为了增强学生的自主学习、发散思维及批判思维能力，提高其独立分析及解决问题的能力，并培养团队合作意识，我们在不占用课堂授课时间的前提下，自2015年春季学期起，对适合运用PBL教学的治风剂、安神剂等章节采用了PBL法。具体做法是：设计一个贴近临

床实际情况的病案，在课堂结束时布置给学生。要求学生发现病案中存在的问题，课后根据问题查找相关资料，再分组利用课余时间进行讨论，并整理出讨论结果上交。教师则根据讨论结果进行补充和小结，以加深学生对该问题的理解。

④比较法，即跨越时空的对比学习法，引导学生将两首或两首以上功用、主治证相近的方剂列表进行细致比较。首先，归纳它们的组成、功用及主治的共同特征；其次，着重分析它们之间的差异及各自独特的作用特点。此法尤适用于那些共性显著、作用与主治易于混淆的方剂组合，诸如治疗喘证的小青龙汤与苏子降气汤，治疗热痢的芍药汤与白头翁汤，以及治疗水肿的真武汤与实脾散等。通过这种方式，学生能够深化对功效相近方剂个性特征的理解，便于在临床实践中准确区分应用。

⑤病案分析法，则适用于课堂上已讲授过的方剂。举例而言，包括解表剂中的麻杏甘石汤、和解剂中的小柴胡汤、清热剂中的龙胆泻肝汤、补益剂中的六味地黄丸，以及理血剂中的生化汤等。在讲解完该章节方剂后，选取恰当的病案，布置学生课后进行分析思考，撰写辨证分析、立法依据、选方理由及加减变化。在后续的课堂教学中，预留约 15 分钟时间，先邀请 2 至 3 位学生上台解析，最后由教师进行总结点评，以此模拟临床用方过程，提升学生的临证处方能力。

⑥归纳总结法，是在一章内容教学结束后，指导学生对该章节的方剂进行全面整理与归纳，用精炼的语言提炼出各方之间的共性与差异，帮助学生形成对该章节方剂更为清晰、系统的理解与认识。

⑦强制方歌背诵法，是方剂学学习的基础与关键。熟记方剂歌诀，是提升临床综合运用方剂能力不可或缺的基石。因此，我们将方剂歌诀背诵视为学生学习方剂学的必修任务，并将方剂歌诀的默写纳入期末考评体系，作为重要考核内容之一。

(3) 8 大教学与 8 八大学法在实际教学环节中的具体应用举例

课前导入：采用承上启下的方式，结合故事导入（例如李东垣与补中益气汤、普济消毒饮的典故）与案例导入（诸如藿香正气散治疗急腹症、逍遥散在治疗不孕不育症中的应用等），并辅以提问导入等多种形式。

课中教学——基础知识部分：①绪言：介绍方剂及方剂学的定义、地位，并阐述学习方法，强调温故知新、前后联系、归纳总结的重要性。②总论：通过"历史回顾法"讲述发展简史，以历史为脉络，让学生跨越时空感受历代名医的"大医"精神，深刻领悟中医学著作的智慧与价值。例如，在介绍《伤寒杂病论》对方剂学的影响时，可借用《三国演义》中的"战乱频繁"背景，帮助学生理解"大病之后必有大疫，重症大疫出良医"的深刻道理。③方剂组成：采用图片展示法，配以彩色中药饮片图进行直观教学。④主治证、病因病机及方解：运用框图演示法、温故知新法进行讲解。⑤主治证相似的方剂：打破传统布局，跨越时空界限，主要采用比较法、互动法，着重培养中医辨证思维（如治疗"喘"症的麻黄汤、小青龙汤、麻杏甘石汤、泻白散、苏子降气汤、定喘汤等方剂的比较）。⑥方解：对于配伍特点鲜明的方剂（如九味羌活汤、六味地黄丸），采用启发式与以方测证法；对于代表方剂（如和解少阳的代表方剂小柴胡汤、甘温除热法的代表方剂补中益气汤等），在讲授方解前，增加对方源及作者学术特色的介绍；对于临床常用方（如逍遥散、藿香正气散、参苓白术散等），在讲授方解后，补充其临床新用介绍。

课中教学——能力培养部分：①提升中医信念、培养临证思维：运用名医激励法（如清代医家叶天士、吴鞠通的中医之路），穿插实例（如恩师段富津教授用逍遥散加减治疗慢性肝炎、清营汤加减治疗糖尿病合并肺感染等），并结合案例分析。②自主学习、解决复杂问题、批判思维及团队合作精神的培养：采用 PBL 法及以问题为导向的自主学习法（涉及泻下剂、清热剂、补益剂、安神剂、祛湿剂、祛痰剂等）。自 2015 年春季学期起，我们将 PBL 法融入治风剂和安神剂的学习中，得到了学生的广泛认可，有效促进了学生的自主学习，培养了批判思维及独立分析解决问题的能力，并增强了团队合作意识。③科研创新思维与实事求是科研精神的培养：通过实验课及团队最新研究成果（如酸甘化阴、辛甘化阳的内涵研究，温胆汤在肥胖防治中的应用、四神丸治疗结肠炎的研究等）进行引导与启发。

课下：作业＋阶段测试＋强制方歌背诵＋自主学习。

（4）基于"立德树人"的方剂学"课程思政"设计 引导学生成为德行高尚、信念坚定、心怀爱意、眼含光芒之人。一方面，我们需践行"爱我所爱，立德树人"的教育理念，借助优美的言辞、引人入胜的故事、鲜活的实例等，深深触动学生心灵，引领她们成长为品德高尚、内心充满爱的人。具体思政元素示例如下：①融入中国传统文化精髓，如白虎汤、小青龙汤、真武汤等方剂之名，蕴含深厚文化底蕴。②展现处事思维与态度，诸如大承气汤、逍遥散所体现的"顺势而为""乐观豁达"智慧，小柴胡汤和解方剂彰显的"和谐"理念，以及半夏泻心汤、乌梅丸配伍中隐含的"对立统一"思维，还有温脾汤、麻杏甘石汤、麦门冬汤等方剂所展现的"奉献"精神。③彰显德行与智慧，其中"智慧之巅"实为德行。从感叹"感往昔之沦丧，伤横夭之莫救"的张仲景，到誓言"凡大医治病，必当安神定志，无欲无求，先发大慈恻隐之心，誓愿普救含灵之苦"的孙思邈，皆为医德之典范。另一方面，作为教师，应学为人师、身先士卒，以平等之心对待学生，以欣赏之眼关注学生，以宽容之怀接纳学生，以人格魅力熏陶学生。

2. 基于课程目标及重点解决问题设计并实施全过程课程评价

首先，我们对传统的评价方式进行了改革。以往，我们常将"期末考试"作为评价学生的主要依据，过分强调"分数"，却忽视了"能力"的培养，这导致了"平时松懈，考前突击，考后遗忘，临床运用乏力"的现象。为此，我们尝试以"学生为中心"调整评价模式，既注重最终学习效果的评价，更加强了学习过程中的评价，其中过程性评价占总评成绩的40%～50%。具体手段选择性介绍如下：

①随机课堂提问：在每堂课开始前，针对某些重点内容随机点名提

问，以此考查学生对重点内容的熟悉和掌握程度。这既是督促学生记忆和理解基础知识点的重要手段，也是评价上节课教学效果的关键方式。

②以问题为导向的"自主课堂"：前文已述及以问题为导向的"自主学习式"教学方法，即以泻下剂、补益剂、祛痰剂等部分方剂为主要内容，开展问题导向的自主学习。为检验学习效果，我们采用自主课堂的形式，以学生为主体进行课上宣讲与讨论。自主课堂以组为单位，通常每班分为8个小组，由学生推选组长，实行教师引导、学委辅助、组长负责的制度。在自主课堂前，任课教师提前 2~3 周将自主学习内容分配给各组，并精心设计问题，学生围绕问题思考，搜集整理资料。以泻下剂为例，我们设计了四个问题，引导学生学习。为激发每位学生的积极参与，我们采取随机点名授课的方式，每位学生都必须全身心投入自主学习与团队讨论，因为每个人都有可能成为下一个自主课堂的主讲人。为客观评价学生的总体表现，我们还设置了自评、互评、教师评价环节，并设计了相应表格。在教师评价环节，增设必答题、抢答题等，既检验学生对基础知识的掌握情况，又考验团队协作程度。

③方剂歌诀默写：方剂歌诀背诵是中医专业学生临床运用成方、组织新方的基础。从某种程度上说，方剂歌诀的背诵数量及牢记程度与中医素养成正比。因此，自 2012 年春季学期起，我们将方剂歌诀默写纳入方剂学课程的形成性评价中，即将 160 首一级方统一编号（1~160），每位学生随机抽取 5 首，在 8 分钟内默写出每首方剂的方歌。

有人说，中药之优劣，在于疗效；而我想说，课程之好坏，亦在于其成效。问卷调查结果显示，我们的教学满意度高达96%，其中超过90%的同学表示，他们的中医兴趣与信念得到了显著提升，临证思维能力、自主学习及解决问题的能力也实现了极大增强。

姚凤云简介：中医学院方剂教研室主任，教授，硕士、博士研究生导师，曾任约翰霍普金斯大学访问学者。她不仅是江西省中青年骨干教师，还荣获江西中医药大学教学标兵、优秀教师、十佳青年及最佳优秀女教工等称号。此外，她还入选了江西省中医药中青年骨干人才，并担任中华中医药学会方剂学分会常务委员。她的研究主要聚焦于方剂配伍原理的内涵以及复方抗慢性代谢性疾病的机制。至今，她已主持并承担了国家自然科学基金项目 3 项、江西省自然科学基金项目 3 项、江西省教育厅科技项目 3 项及其他厅局级项目 3 项。同时，她还主编、参编了《方剂学复习指导手册》《方剂学》《中医香疗学》等 7 部教材，并在《中国实验方剂学杂志》《中华中医药杂志》等国家级学术性期刊上发表了近 40 篇论文。防疫期间，她荣获省级优质课程三等奖 1 项、校级优质课程一等奖 1 项，以及校级教学成果二等奖 3 项。

姚凤云代表性成果

1. 2011 年度江西省第七批中青年骨干教师。

2. 2011 年度优秀教师。

3. 2012 年度校级十佳青年教师。

4. 2012 年度校级青年教师教学比赛二等奖。

5. 2013 年校级优秀多媒体课件一等奖。

6. 2013 年江西中医药大学第四届教学标兵。

7. 2014 年度校级最佳优秀女教工。

8. 江西中医药大学第十四批优秀教学成果二等奖。

9. 江西中医药大学第十六批优秀教学成果二等奖。

10. 2015 年教育部微课教学比赛二等奖。

11. 2015 年度校级优秀教师。

12. 2019 年度校级最佳优秀女教师。

13. 2020 年度防疫期间省级优质课程三等奖。

14. 2020 年度防疫期间校级优质课程一等奖。

15. 2021 年省级线下一流本科课程。

学生眼中的袁坤老师：袁老师的课让我这位理科生对政治历史产生了浓厚的兴趣，实在特别好，我超级喜欢。他知识面极为丰富，实力相当雄厚，讲课风格独树一帜，深受学生们的喜爱，当然也包括我。袁老师十分有趣，他与我们分享的泰国经历极大地开阔了我的眼界，使我深刻感受到每一种文化的独特价值，激发了我成为中华文化传播者的决心。

——佚名（来自评教系统）

颁奖词：他以德立身，以礼育人，这既是他工作的内容，也是其指导思想。他总能用最幽默的语言，为同学们拨开心灵迷雾，指引成长成才的方向；又总能用最质朴的事例，向同学们揭示最崇高的真理。他始终默默以言行，践行着一个普通思想政治理论教育工作者的崇高职责与使命。

我的从教之路

——"教学标兵"袁坤老师的成长之路

一、理想：教师

不知何时起，我的家族中便流传着这样一个故事：我的高祖少苏公，青年时期奋发图强，刻苦研读，年仅十几岁便一举夺得县试头名，成为村里屈指可数的童生。凭借这份才智，只要他持续埋头苦读，从府试到院试，再到乡试，即便无法中得举人，至少也能获得生员的头衔，在县里谋得一席文职，自是易如反掌。然而，世事难料，他连续多年应考，却始终未能突破童生的身份，最终决定暂停科举之路，回归乡里，潜心务农与读书。1905 年，他满怀信心地与好友相约，次年共同前往袁州府参加府试，以实现他的科举梦想。然而，命运却对他开了一个玩笑——当年清政府宣布自 1906 年起废除科举制度，从此，他彻底与科举之路告别，转而回到村里，创办了德堂书院，成为一名教书先生。

他的故事并未就此终结，而是刚刚拉开序幕。在村里，他做了许多在今天看来或许并不显赫的大事，如推广文化、修订族谱、扶助弱小、帮助贫困、和睦邻里、主持公道等。正是这些看似琐碎的小事，让他的名声流传至今。至少在我离家读大学前，一本堂大门口聚坐的老人们仍时常谈起他的功绩与善行。

1937 年夏末的一个午后，少苏公在前往镇公署签名支持抗战声明后返家途中，不幸猝死。作为少苏公的后人，我既继承了家族的荣耀，也承载了长辈的期望。记得儿时，我与同伴在祠堂嬉戏，拿公家物件恶作剧时，一个瘦小的老头怒气冲冲地跑来，严厉地训斥我："你是读过书、有文化的人，还是少苏公的后人，怎么能和他们一样胡闹？"我羞愧难当，只能匆匆逃离。就这样，"先生"这个词在我心中逐渐树立起高大的形象，我走上教师这条道路，无疑受到了他的深远影响。自启蒙入学起，我便立志成为一名教师，这一理想二十几年来从未动摇。只要能站上讲台，我便心满意足，因此，我绝不会放过任何可以体验讲课的机会。

大学寒暑假期间，我回到县城，应聘成为培训班老师，每节课仅 20 元，但我却要求老板每天为我排满 8 节课，教学内容涵盖小学一年级至初中三年级的语文、数学、英语三科。高强度的安排并未削减我对讲台的热爱与执着，反而让我更加沉浸在忙碌的享受中。然而，未料到的是，培训班主管在一个夜晚携款潜逃，面对六十多名学生，我们手足无措，欲哭无泪。报警无果后，培训班仍需继续，几个打暑假工的大学生靠着学生后期补交的学费，完成了既定的培训学时，拿着微薄的工资，相互安慰，结束了这段艰难的旅程。

一年后，当我教过的几个小学生在大街上飞奔而来，紧紧抱住我，不停地叫我"老师"时，那一刻，我仍不后悔这段经历，更加坚定了我的选择。读研究生期间，我一边学习，一边到专科院校代课，这既能带来可观的劳动报酬，解决我的生活所需，又能满足我站上讲台讲课的愿望。

2016 年，我凭借国家汉办（孔子学院）的考试佳绩，被派遣至曼谷的一所学校，担任汉语教师。白天，我在小学与初中的不同年级间穿梭，教授他们汉字、书法及中文歌曲，与那些天性活泼甚至有些调皮的泰国学生们斗智斗勇；夜晚，为了避开室友的喧闹，我背起电脑，躲进 Big C 超市的休息区，整理资料并撰写毕业论文。那是一段既痛苦又无比怀念的时光，所幸的是，我不仅超额完成了写作任务，最终还荣获了江西省优秀硕士学位论文的殊荣。至今，我仍感激自己抓住了那次机遇。一年的泰国教学生涯，让我熟练掌握了教学技巧，能够从容应对学生的情绪波动，并灵活地完成各项授课任务，同时也锻炼出了我不急不躁的心态（我曾笑称，若国内老师感到职业倦怠，不妨来泰国学校体验一月，回国后定能满血复活，收获满满）。这段异国生活的经历，成了我课堂上的生动素材，也构成了我思政课的特色。我会利用中泰两国的发展对比，讲述中国经济的崛起；通过泰国孔子学院的鲜活案例，阐释"一带一路"倡议；分享我在曼谷的亲身经历与感悟，讲解"四个自信"，并鼓励同学们在有条件的情况下走出国门，为传播中华文化、讲好中国故事贡献自己的力量。为了成为一名教师，我已做了充足的准备。

二、职业：思政课教师

至少在 2017 年之前，我从未设想过自己会成为一名大学教师，更未料到会成为思政课教师。五年前，我刚从曼谷回国，正值硕士毕业之际，一心只想回老家做一名高中教师。然而，母校人事处领导却告知我不招非师范生，这令我极为失落。回到南昌后，我四处投递简历，无论是高校还是中学，只要有招聘信息，我无一遗漏地投递，甚至给那些并未发布招聘信息的学校邮箱也投去了一份简历，心里总想着或许能有奇迹发生。

经过一轮又一轮的海投简历与面试，我最终收到了四所学校的录用通知。在权衡之后，我选择了江西中医药大学，这份喜悦让我兴奋得彻夜难眠，毕竟，成为大学教师是我从未敢奢望的。

为了在试讲中脱颖而出，我费尽心思，力求给评委留下深刻印象。受某位老师的启发，我采用了歌唱法授课，即用两首歌来贯穿整节课的内容。尽管我五音不全、严重跑调，但评委们似乎确实因此记住了我，以至于多年后，曾参与那场面试的老师依然清晰地记得这一幕。

我应聘的是纲要课教研室岗位，但直到暑期全院大会时，我才知道自己被分配到了概论课教研室。这消息让我一时之间思绪纷乱，因为收到录用通知后，我已针对纲要课准备了近半个月的教学设计。况且，在学生时代，概论课就是我们公认的枯燥难懂课程，每次上课，抢占后排位置几乎成了每届学生的风潮。面对这样一门公认的难题课程，我内心充满了畏惧。

我还记得，第一次上课时恰逢校领导来听课，我紧张得手足无措。尽管我已经为这节课扎实准备了一个星期，但在领导面前，我仍感觉表现不佳，PPT 播放不流畅，语言表达生硬，逻辑思维也不顺畅。下课后，我的信心跌到了谷底。领导安慰我："毕竟还年轻，还要努力！"

为了上好一堂课，我常常需要耗费两三天的时间备课，但效果却往往不尽如人意。我的生活陷入了教室、食堂、宿舍三点一线的循环中，我在网上搜索名校慕课，试图模仿其教学方式；在图书资料里大肆检索素材，许多生活乐趣都被抛在了脑后。我还清楚地记得，一个周末晚上，我因补课被学生吐槽不懂得浪漫，我被批评得一头雾水。下课后才得知，那天竟是情人节，我的补课实在破坏了节日氛围。

自此之后，我开始刻意在生活中制造一些虽不伦不类却充满仪式感的小惊喜，尝试着学会那些我始终学不会的浪漫。

回顾过去两年，备课、上课、再备课构成了我生活的主旋律，紧凑的备课日程虽令我疲惫却也乐在其中。备课之苦，在于单调乏味的资料搜集与课件制作；备课之乐，则在于学生抬头率的提升，这无疑是最佳的慰藉。对于曾令我畏惧的概论课程，如今我已能乐在其中。概论课并非天生枯燥难懂，只要能够灵活运用理论，便能从中发掘无穷的乐趣。

在提升教学能力的道路上，我的经验是多参与教学竞赛。磨课，无疑是提升备课效率与教学水平的绝佳途径。从校级青年教师教学竞赛到省级思政课竞赛，再到全国中医院校的教学展示，作为青年教师，我们无一缺席。马克思主义学院素有重视教学与竞赛的传统，每次竞赛前，院领导都会郑重组织磨课会议。青年教师在磨课中备受"折磨"，前辈们的建议也时常让我们备感挫败。磨课前，我们满怀激情，滔滔不绝地讲述着历经月余精心设计的思路，自以为精妙绝伦；磨课后，却常因一个月的辛劳只换来几篇不尽如人意的教案而懊悔不已。但正是这一次次的磨课，让我们实现了一次次的蜕变，从迷茫困惑到豁然开朗，千百次的准备终换来一丝顿悟。

犹记得 2017 年首次参加院内教学竞赛时，我的教学设计被评委点评为华而不实、缺乏意义（如今回首，这一评价极为中肯，连我自己也难以认同当年的设计）。而到了 2020 年，我荣获江西省教学竞赛一等奖。我自知资质平庸，但只要不懈努力，便没有无法跨越的高峰，所有的付出终将有所回报。

加入江中医成为思政课教师后，我才明白，思政课并非数百人齐聚一堂的热闹场景，思政课教师也并非课上闲聊、课后悠闲。学生时代对思政课教师的种种幻想，不过是奢望罢了。不断变化的教学内容已足以让人心生畏惧，加之需时刻关注时事新闻以融入最新理论，教材的频繁更迭更让精心打磨的教案瞬间作废。朝九晚五的规律生活，始终是对美好生活的向往，而备课、撰写论文、申报课题，才是我们下班后的真实写照。

从踏入江中医马院的那一刻起，我便无时无刻不珍视这份来之不易的工作。这种珍视，一方面源自人生理想的实现，另一方面则出于对现实境遇的深刻体悟。若非有幸成为江中医的一员，我或许仍是一名不甘屈服于命运安排的中学教师，在反抗与挣扎中寻求出路。四年半的光阴里，我在此地学习、成长、收获颇丰。回首往昔，如今的我已愈发从容不迫，能够自如地应对各种挑战。

正如一棵树唯有奋力向上生长，方能知晓自己所能企及的高度，人生亦是如此。勤勉乃成功之母，不求索便无所得。唯有沉下心来，鼓足干劲，怀揣目标奋力奔跑，持续努力，不断提升自我，理想之光方能穿透现实的重重迷雾，照亮前行的道路，让我们在未来的某个时刻，遇见那个更加优秀的自己。

三、期许：合格的思政课教师

我们沐浴在红旗下，成长于春风之中，身处一个人人皆可绽放光彩、各展所长的美好时代。我内心由衷地感激党中央对思政课的深切重视，正是这样的好政策，让我在激烈的时代洪流中得以安身立命，成为家族中首位走出小县城、拥有体面工作的人。感谢学校为我们搭建了施展才华的广阔舞台，让我能够在这片天地间心无旁骛地翱翔与畅想。同时，我深感马克思主义学院领导与老师们的栽培之恩，他们不仅给予我锻炼的机会，还在生活与工作中无微不至地关心与帮助我，使我得以茁壮成长。我也时常感谢自己心中那份不灭的理想之光，它驱使我不断学习、不懈奋斗。

教师虽是一份清贫的职业，但立德树人却是一项伟大而崇高的使命。办好思想政治理论课，关键在于教师。身为思政课教师，我深感使命光荣、责任重大，时刻珍惜这份荣誉，并渴望以实际行动创造更多与这份荣誉相匹配的成绩。

袁坤简介　马克思主义学院专职教师，南昌大学在读博士。主讲课程为《毛泽东思想和中国特色社会主义理论体系概论》。曾主持教育部课题 1 项、省级课题 1 项，参与编撰教学辅导用书 1 部，发表学术论文多篇。荣誉方面，曾获 2018 年江西省思政课教学比赛二等奖、全国中医药高等院校思想政治理论课教学展示二等奖；2019 年江西省思政课教学比赛二等奖；2020 年江西省思政课教学比赛一等奖、江西省战"疫"思政课教学比赛二等奖；2021 年江西省一线课堂优秀微课奖。此外，还担任江西省十百千宣讲团成员、江西省青年讲师团讲师，以及江西中医药大学教学标兵、优秀教师、优秀党员、十佳青年、优秀科研工作者，并获国家汉办（孔子学院）优秀汉语教师志愿者称号。

袁坤代表性成果

1. 国家汉办（孔子学院）优秀汉语教师志愿者，2017 年。

2. 江西省思政课教学比赛二等奖，2018 年。

3. 全国高等中医药院校思想政治理论课教学展示二等奖，2018 年。

4. 江西省思政课教学比赛二等奖，2019 年。

5. 江西中医药大学优秀教师、优秀党员，2019 年。

6. 江西省思政课教学比赛一等奖，2020 年。

7. 江西省一线课堂优秀微课，2020 年。

8. 江西中医药大学十佳青年，2020 年。

9. 江西中医药大学第八届教学标兵，2021 年。

10. 江西中医药大学优秀科研工作者，2021 年。

学生眼中的涂雪峰老师：在课堂上，您总是满怀激情，仿佛永不疲倦。您以慷慨激昂的演讲、行云流水般的叙述、回味无穷的妙语，深深感染并激励着我们。您赋予我们一杆生活的尺，让我们日复一日地去丈量世界；您赠予我们一面模范行为的镜子，让我们时刻找寻学习的榜样。

——18级临床一班　文迪勋

颁奖词："自第一堂课起，您的讲授便深深吸引了我们。您凭借严谨的教学态度、激情澎湃的演讲风格、诙谐生动的授课语言以及形式多样的教学方式，彻底颠覆了我们对思政课古板、枯燥的固有印象，激发了我们对思政课学习的兴趣。听您的课，既是一种思想的熏陶，更是一种精神的享受。"这不仅是学生们给予他的高度评价，也是他在教学道路上不断追求的目标。

激情比才能更重要

——"教学标兵"涂雪峰老师的成长之路

2011年10月20日，广东、广西、海南、江西、云南五省、自治区高校思想政治理论课青年教师教学比赛在海南省三亚市盛大举行。近千名来自五省、自治区的思想政治理论课教师历经初赛与复赛的层层筛选，最终有20名优秀青年教师脱颖而出，晋级决赛。涂雪峰老师便是这佼佼者中的一员。一位评委专家毫不吝惜地称赞涂老师，认为他在所有选手中将教学激情与教学艺术融合得最为出色。涂雪峰凭借出色的表现，力压华南师范大学、中山大学、海南大学等众多强劲对手，以90.5分的高分荣获此次五省、自治区高校思想政治理论课青年教师教学大赛的桂冠。当全场为之沸腾，江西中医学院的名字响彻会场时，涂老师的眼眶湿润了，他深知，通过不懈努力，已让全场记住了这所学校。

涂雪峰，男，1974年出生，中共党员，教授，就职于江西中医药大学马克思主义学院中国近现代史纲要教研室。他不仅是江西省教育系统创先争优的优秀共产党员，还是学校第一届、第二届、第四届教学标兵获得者，被誉为学校教学名师。作为思想政治理论课教师，涂老师坚信真理，真诚信仰并传播党的创新理论，凭借其丰富的学识和辩证的智慧，为学生点亮希望之门，照亮智慧之光，使思想政治理论课成为大学生真心喜爱、受益终身的课程。

"您给了我们一杆生活的尺，让我们天天去丈量；您给了我们一面模范行为的镜子，让我们处处有学习的榜样。"这是学生对涂老师最真挚的评价。涂老师从事高校思想政治理论课教学已二十年，其硕士论文便专注

189

于"陶行知研究"。因此，他尤其重视课堂教学，不断提升教学水平。面对思政课枯燥、理论性强的特点，以及学生学习兴趣不高的问题，涂老师经常思考如何在教学过程中激发学生的学习兴趣，增强思政课的教学实效性。

在长期的一线教学实践中，涂老师逐步积累了一套经验，针对思政课的特点及规律，在教学态度、教学模式、教学方法上形成了独特的教学风格。在教学态度上，涂雪峰勇于探索，积极引入"情感教学"模式。他常对学生说："激情比才能更重要。"因此，他的课堂总是充满激情，似乎永不知疲倦。他认为，激情体现在教师上课时慷慨激昂的演讲、行云流水般的叙述以及回味无穷的妙语，能时刻以积极的情绪感染学生，以饱满的激情激励学生。唯有饱含激情的课堂才能真正受到学生的欢迎，取得显著的教学效果。

激情式教学要求教师倾注更多情感，涂雪峰在讲授"抗日战争史"，尤其是"南京大屠杀"这段沉痛历史时，常讲得情绪激动，眼中含泪。在其教学生涯中，2007年的一堂课尤为难忘。当讲到"南京大屠杀"的动情之处，一位男同学突然从教室中央站起，做出了令全班愕然之举。他满脸涨红，挥手高呼："打倒日本帝国主义！"连喊三声。随后，他似乎意识到课堂并非表达情绪之地，手停在半空，呆望着老师，一时愣住。涂老师迅速反应过来，率先鼓掌，瞬间，全班爆发出热烈的掌声。那一刻，涂老师深刻理解了"感动了自己才能感动学生"的真谛，领悟了"教学效果"的本质，以及"爱国主义是情感、意志、行为统一体"的含义。

在教学模式上，涂老师秉持以人为本、学生为中心的理念，坚持教师主导性与学生主体性相统一的原则，改革教学方法。他依托学校思政课情景实验室，积极探索"自主－合作－探究"型教学模式的创新，在"中国近现代史纲要"课堂上构建了高效新型的情景教学模式。情景式教学凭借其内在特质，完全契合作为思想政治教育载体的两大基本条件：既能承载思想政治教育信息，为教育者所操作；又是连接教育者与受教育者的桥梁，促进双方互动。因此，它理应成为高校思想政治理论课的重要载体。

情景式教学内容丰富、形式多样，为思想政治课教学提供了广阔天地。从模拟案例的构思、角色的选配，到场景的设计及投入演练，现实生活的事例在学生眼前一一重现，有效引导大学生解决学习、生活中的困惑与难题，真正实现了"从实践到理论，再由理论回归实践"的教学目标。这不仅提升了学生的学习兴趣，激发了他们的思维和积极情感，还培养了其分析概括历史问题的能力，以及自学、探究的能力，促进了学生主体性和创新思维的发展，达到了提高教学效率、优化课堂教学的目的。

涂老师推行的"自主－合作－探究"型思政课教学模式，在省内外均获得了广泛推广：2017年3月，江西省副省长李利亲临现场，观摩了涂老师展示的"自主－合作－探究"型教学，并给予高度评价："这种思政课教学方式极具创新性，同学们积极性高涨，值得广泛推广。"此外，涂老师还应邀在全国医学院校思政课研讨会及全国医学人文素质教育研讨会上，进行了教学示范展示。近年来，江西师范大学、豫章师范学院、江西警察学院、宜春学院等多所院校，纷纷邀请涂老师前往进行示范教学，交流传播这一思政课教学模式的改革经验。

早在2013年11月22日，江西师范大学政法学院就特邀涂老师进行示范教学，分享交流教学经验。50分钟的示范课后，学院分管教学的领导对涂老师的授课进行了点评，称赞其PPT制作精良，图片选择贴切且美观；授课内容紧扣主题，思维缜密，分析深刻，结论自然得出，语速适中且有力，表达生动富有感染力，仿佛引领全场教师重回了那段"泪与恨、血与火"的历史岁月，充分展现了一位青年教师的思想深度与人格魅力。

2019年5月21日下午，豫章师范学院在文科楼3101教室举办了第十四届教学质量主题活动之名师公开课，特邀涂老师讲授"马克思主义在中国的传播"。校领导、马克思主义学院全体教师、各院（系）分管教学主任及课程思政和专业思政建设项目负责人等，共同观摩了此次公开课，并展开了集体教学研讨。涂老师引用了毛泽东、《新民丛报》及瞿秋白的言论，深入阐述了马克思主义在中国传播的背景，并通过大量图文资料，解析了当时中国先进分子选择马克思主义的缘由。他还巧妙地采用情景体验式教学方法——孔子与马克思主义的对话，探讨了孔子思想与马克思主义思想的一致性。课后，豫章师范学院校领导对涂老师精准的专业教学才能给予了高度评价，称赞其授课方式紧跟时代步伐，有效引导学生坚定理想信念，矢志不渝跟党走。

在教学方法上，涂老师紧密结合思想政治理论课的教学规律与特点，致力于在教学方法上进行创新性改革，逐步构建并完善了多样化的教学模式。首先，他强调主讲教师在课堂教学中的主导作用，推崇专题式教学法，聚焦于课程相关重点问题的深入讲解，以此引导学生主动思考。其次，涂老师注重发挥学生在课堂教学中的主体地位，灵活运用研讨式、讨论式等教学方法，并辅以随堂提问、专题讨论、辩论、演讲等多种形式，有效激发学生的思想火花与参与热情。

具体而言，涂老师主要推行了两项实践改革：一是"问题主导式"课堂教学改革实践；二是"自主学习式"课堂教学改革实践。他鼓励学生挖掘并利用家乡红色资源，在课堂上进行五分钟的家乡红色资源讲解，以及历史剧情景表演比赛等活动，将红色基因巧妙融入思政课程。涂老师始终坚持教师主导性与学生主体性相统一的原则，积极探索思政课情景教学方法的创新。这一方法打破了理论教学与实践教学、专任教师与兼职教师、时间与空间之间的界限，拉近了师生距离、思政课教学与专业教学距离、实践教学与职业岗位距离，同时激发了思政课专任教师的教学与专题研究热情，以及学生学习思政课的积极性。

为深入探索这一教学模式改革，近年来，涂老师组织教研室老师在全校范围内先后举办了以"侵略与反抗"为主题的模拟时事报道比赛、以"重温党的历史，演绎红色经典"为主题的历史剧表演大赛、以"铭记历史，展我风采"为主题的讲课比赛等活动，显著增强了思政课的实效性。在此基础上，涂老师数年如一日地坚守在三尺讲台上，默默奉献，收获了诸多荣誉：2011 年，他以第一名的佳绩获粤、桂、赣、滇、琼五省高校思想政治理论课青年教师教学大赛一等奖，为江西省代表队及所在学校赢得了殊荣；同年，他还获得江西省高校思想政治理论课教师教学比赛一等奖；2014 年，涂老师代表江西省参加全国高校思想政治理论课社会主义核心价值观教学展示活动，并参与教育部"马工程"精彩一课评选。此外，他还先后荣获学校三届教学标兵、优秀教师、"党员先锋岗"优秀党员、"十佳青年"等荣誉称号，并主持了两门校级精品课程，参与了两门省级精品课程的建设。

难能可贵的是，涂老师不仅在教学上取得了优异成绩，还以教学促进科研，在科研领域同样成绩斐然。近年来，他主持完成了三项省级教育科学规划重点项目，正主持研究五项省厅级课题，并参与完成了十余项省厅级课题的研究工作，发表了论文十余篇。发挥教学名师的"传帮带"作用，一直是涂老师的心愿。他精心指导教研室青年教师，从课件制作、教学方法设计到教学内容改进，手把手传授经验，培养了多位优秀青年教师，他们在教学比赛中屡获殊荣。其中，尹明晶老师获 2018 年度江西省高校思想政治理论课青年教师教学基本功比赛一等奖、第三届江西省高校青年教师教学竞赛二等奖、2018 年学校青年教师教学比赛一等奖，以及 2020 年江西省及五省高校思想政治理论课青年教师教学基本功比赛一等奖；杜明达老师则获得了 2020 年全国高等中医药院校思想政治理论课教学协作会议"精彩一课"特等奖和 2019 年江西省高校思想政治理论课青年教师教学基本功比赛一等奖等荣誉。

此外，涂老师还积极投身于社会工作。2021 年 3 月 30 日，作为我校新时代文明实践中心宣讲团成员，涂老师走进湾里幸福街道，开展了以"中国共产党诞生的背景及百年党史的四个历史阶段"为主题的党史学习教育主题讲座，为街道党员干部和社区干部带来了生动的党史教育课。涂老师希望听众通过学习党史，认清中国共产党建党百年伟大历程的本质，增强对党的认同和信心，坚定感党恩、听党话、跟党走的信念。讲座结束后，听众纷纷表示，讲座站位高、立意深、落点实，既接"天线"又接"地气"，通过学习加深了对中国共产党光辉历程的了解，更加坚定了爱党信党、永远跟党走的信念。

涂老师表示："今年是中国共产党成立 100 周年，为群众办实事是学校党史学习教育对每位教工党员的要求。通过进社区宣讲党史，把党史故事带到寻常百姓家，把党的创新理论送到群众心里，作为党员和思政课教师，这是我的责任和义务。"

2017 年夏日，热情如炽，6 月 26 日至 7 月 2 日，第七期"知行合一"师德师风培训班成功举办，为期一周。此次培训班沿袭导师引领、学员自我管理的模式，在往期培训基础上，对模块与内容进行了精心设计与优化。培训班特邀涂老师担任班级导师，他引领学员围绕"学员对话""经验交流""理论引领""他山之石""校情校史""自我审视""典型激励""角色互换""红色教育"及"知行合一"十大模块展开自主学习与自我管理。学员们通过研读文件了解规范，观看视频学习先进，分享学员故事，实地调研获取真知，聆听报告讲座领略前沿，接受红色教育触动灵魂，并共同宣誓"江西中医药大学教师誓词"，签署"江西中医药大学教师承诺书"，参与主题党课，职业认同感和责任感得以显著提升。作为导师，涂老师赢得了学员们的广泛认可，大家普遍认为培训内容丰富多彩，模块设置与时间安排合理，既有理论上的深刻领悟，也有实践中的提炼升华，收获颇丰，同时铭记"三知三行"理念，立志在今后的工作中践行"知行合一"。

2018 年 9 月 11 日下午，"党的基本知识"专题讲座于神曲厅举行，涂老师以"从中国共产党历史发展看信念的力量"为题，为 2018 级新生献上精彩演讲。他从中国共产党历史发展的七个阶段入手，逐一阐述信仰的力量，特别提及黄埔精神、长征精神、"红船精神"，以"为何当时中国先进分子信仰马克思主义"为引子，环环相扣，引导新生深入思考、感受信仰的力量。涂老师强调，大学生应提高对党的认识，增强党性，坚定理想信念，培养创新精神、奋斗精神及忠诚为民的精神。在谈及信念的力量时，他指出，中国共产党人坚定的共产主义理想信念是其从苦难走向辉煌的精神支柱，正是凭借这种信念，党历经创建、土地革命、抗日战争、解放战争，最终取得中国特色革命道路的伟大胜利，建立新中国，并引领中国人民走在实现中华民族伟大复兴的道路上。涂老师寄语同学们，作为祖国未来的社会主义建设者、各条战线的中坚力量，务必铭记中国近现代历史及其基本经验，继承先辈优良传统，自觉担当时代赋予的历史使命，在实现中国梦的伟大实践中绽放青春光彩。

涂老师正是这样引领学生们树立坚定信念的：无论是在课堂讲解中，还是在日常相处里，涂雪峰老师都以其高尚的人格，践行着思想政治理论课教师"真信真教、真懂真用"的职业理想，不断求索创新，锐意进取。他勇于担当，热爱岗位，严于律己，诲人不倦，用辛勤的汗水和真挚的笑容，为学生们撑起了一片充满希望的天空，以实际行动彰显了一位青年教师的思想深度与人格魅力。涂老师的事迹同样引起了新闻媒体的广泛注意，2012年4月，江西教育电视台在《教育新闻联播》中对其先进事迹进行了报道；同年10月31日，《中国教育报》第4版以"三尺讲台天地宽"为题，详细介绍了江西中医学院实施的教学标兵工程，其中亦用大篇幅文字报道了涂老师的先进事迹。

涂雪峰简介：教授，硕士研究生导师，拥有硕士学位。获江西省教育系统优秀共产党员称号，并被授予江西中医药大学教学名师荣誉称号，连续三届蝉联学校教学标兵。"中国近现代史纲要"与"中国传统文化概论"两门课程均为其主持的校级精品课程，同时，他还担任"中国近现代史纲要"校级慕课课程的主持人，并参与省级精品课程"马克思主义基本原理概论"的建设。作为江西中医药大学思想政治理论课"体验-探究式"教学工作坊团队的负责人，他主讲本科课程包括"中国近现代史纲要"与"中国传统文化概论"，主讲研究生课程则为"中医文化教育与传播"。

他曾获粤桂赣滇琼五省高校思想政治理论课青年教师教学比赛一等奖、江西省高校思想政治理论课教师教学比赛一等奖，并获得全国高等医学院校思想政治理论课"精彩一课"荣誉，在相关交流会上进行了示范教学。此外，他还在全国医学人文素质研讨会上进行了示范教学，被江西省推荐参加全国高校马克思主义理论工程"精彩一课"评选，并入围全国高校思想政治理论课有影响力人物评选。

涂雪峰代表性成果

1. 江西中医药大学教学名师、蝉联学校三届教学标兵。

2. 获得粤桂赣滇琼五省高校思想政治理论课青年教师教学比赛一等奖。

3. 江西省高校思想政治理论课教师教学比赛一等奖。

4. 获得全国高等医学院校思想政治理论课"精彩一课"荣誉。

5. 在全国医学人文素质研讨会上进行示范教学。

6. 被江西省推荐参加全国高校马克思主义理论工程"精彩一课"评选。

7. 入围全国高校思想政治理论课有影响力人物评选。

学生眼中的章莹老师：非常喜欢您的内经课程，它让我收获颇丰。从中医基础理论、中医诊断、方剂学，到深刻的人生哲学，您的教诲都让我受益匪浅。尽管我的成绩不算突出，但我在课程中所获得的，远远超出了分数所能衡量的。在我眼中，老师您就如同一个巨大的能量源，充满了智慧与力量，却又保持着谦逊低调的态度。我会努力向您学习，充实自己，不忘初心，持续进步。

——2019 级中医 4 班　罗妃

颁奖词：9 月 10 日，生日与教师节的奇妙重合，更加坚定了她成为一名优秀教师的信念与决心。她爱岗敬业，不懈奋斗，以辛勤和汗水赢得了师生的广泛认可。每一次的成长，都为她带来了双倍的喜悦。为此，她甘之如饴，乐此不疲！

源于热爱，倾心施教，传承中医

——"教学标兵"章莹老师的成长之路

这些荣誉的取得，离不开她的不懈努力，更离不开她心中的那份"爱"。她始终坚信："没有爱，就没有教育。"这份爱，源自"教师节"的契机与导师们的启迪。章老师的生日恰逢教师节，这一巧合让她自小便种下了成为教师的梦想。最终，她如愿以偿，成为中医药大学的一名教师，这离不开硕导广西中医药大学刘燕平教授和博导南京中医药大学吴承玉教授的悉心栽培。

章老师谈及人生三大幸事：遇良师，得良友，拥良伴。幸运的是，在六年的研究生生涯中，她悉数收获。刘燕平教授与吴承玉教授长期耕耘于教学一线，师德高尚，业绩斐然，于2016年荣获"中医药高等学校教学名师"称号，这是新中国成立以来国家首次颁发的此类荣誉。同时，两位导师在临床领域也建树颇丰，2018年共同入选第六批全国老中医药专家学术经验继承工作指导老师。正所谓"名师出高徒"，她们以身作则，言传身教，深深影响着学生们。章老师一直以恩师为榜样，立志传承中医事业，培养优秀人才。

她对教师岗位充满热爱。最初，仅因教师节与生日的重合，让她萌生了成为教师的念头。转眼间，她已在三尺讲台上站了十一年，而当初那份机缘巧合的初衷，已远不止于此。身边，总有学识渊博、师德高尚的前辈引领着她；更有求知若渴、热血沸腾的学生感染着她，让她更加坚信从教的选择。她认为，即便一生平凡，作为教师也能创造生命的价值。

在工作中，她不仅积极承担并完成学校、学院的教学任务，还不断探索新的教育教学方法，更新知识结构，熟练运用"学习通""云班课"等现代教育技能，带动教研室年轻教师共同提高。同时，她注重将思想政治工作融入教育教学全过程，实现全方位育人，使课程教学与思想政治教育同向同行。此外，她还获批校级第四批"课程思政"示范课程——《内经选读》，并主持省级课题：课程思政视域下中医专业教师与思政教师协同育人的实践策略研究。

她深爱着学生这一群体。在她看来，教学的艺术不仅体现在知识的传授上，更在于对每位学生的关怀、激励、唤醒与鼓舞。每位学生都有其独特的闪光点，值得被尊重与呵护。正如每一朵小花，只需些许阳光，便能妆点整个春天。在课堂上，她细心关注班上的每一位学生，尤其是那些学习积极性欠佳的孩子，擅长通过各种方式发掘他们的独特之处，并以此作为动力，激发他们的学习热情。

面对刚步入大学、正由"学习人"向"中医药人"转变的一年级新生，他们在迷茫与困惑中往往难以深刻理解社会责任感与职业幸福感，进而产生不同程度的厌学情绪。针对此，章老师在日常教学中，将中医知识的传授、中医思维的培养与学生正确世界观、人生观、价值观的塑造相结合，以实际行动成为学生健康成长的引路人与指导者。

作为"中医摇篮班"的指导老师之一，她全程参与了该班学生的培养工作。她与同仁们一同利用课余时间义务指导摇篮班学生，夯实他们的专业基础，提升中医思维，并因此荣获 2019 年江西省教学成果一等奖。此外，她还义务指导康骏等十余名摇篮班学生，助力他们在《中医学报》《中国中医药现代远程教育》等核心期刊上发表学术论文十余篇，极大地提升了学生的专业素养。

她对中医行业同样满怀热爱。除教师身份外，她还是一名中医大夫。她始终铭记伍炳彩教授的教导："我不开大方贵方，并非为了个人声誉，而是想捍卫中医人的尊严与自信。我想让更多人知道，中医能解决西医难以解决的问题，且花费不多。""我们要为中医争光。"因此，作为中医药专业学生的启蒙老师，她深感责任重大。如何让学生认同中医的临床疗效、体悟中医理论的精深、坚定学习中医的信心，以及传承伍师的精神，成为她此生的重要使命。

尽管章老师承担着繁重的教学科研任务，但她仍坚持每周临床门诊，每周跟随伍老抄方，不断积累临床案例，以丰富教学内容。她坚信"实践是检验真理的唯一标准"，唯有如此，她才能在课堂上传授真正的中医精髓，为中医事业的繁荣发展贡献自己的力量。

作为医生，她践行"急患者之所急，忧患者之所忧"的原则，全心全意地对待每一位病患。针对当前情志致病的特征，她不仅进行常规的辨证施治，更愿花费大量时间与患者深入交流，旨在减轻他们的心理负担，加速疾病的康复进程。因此，众多女性患者都将她视为贴心的知己，每次诊疗后都感到身心舒畅。

担任教研室主任期间，她始终将集体荣誉置于首位，勇于担当，能够妥善处理集体利益与个人利益的关系。一方面，她积极向资深前辈求教，将他们的教案、讲稿、课件及视频资料整理归档，供其他教师学习借鉴；另一方面，她热心助力青年教师成长，慷慨分享前辈的教学资料和个人在教学与科研上的心得，以期推动教研室整体教学科研水平的提升。

作为支部书记，她牢记中共党员的责任与使命，积极回馈社会，履行社会责任，投身公益活动，弘扬优秀传统文化。依托教工第四党支部的专业优势，章老师带领支部党员在马家池社区和蓝天碧水社区成功举办了"送健康"义诊志愿服务活动。这些活动既通过诊断及时发现居民的潜在疾病，又通过宣讲加深了居民对中医的了解与接纳。两次活动均赢得了社区及居民的广泛赞誉，甚至新华社区的居民也强烈要求前往该社区开展义诊。

章莹简介：医学博士、副教授、硕士生导师、主治中医师，现任中医基础理论教研室主任、中医学院教工第四党支部书记。她同时担任中华中医药学会中医基础理论分会青年委员，以及高等学校中医学类专业核心课程——中医基础理论课程联盟理事。作为第六批全国老中医药专家学术经验继承工作的继承人（师从国医大师伍炳彩教授），她是江西省中医药中青年骨干人才。在江西中医药大学，她被誉为"教学标兵"和"优秀教师"，曾获包括国家级在内的多项教学比赛奖项。她主持或参与了包括国家级在内的各类课题 30 余项，参编规划教材 9 部、专著 3 部（其中副主编 1 部），并在核心期刊发表论文 40 余篇（含 SCI 论文 1 篇）。

章莹代表性成果

1. 第二届"中医药社杯"高等学校中药学类专业青年教师教学设计大赛二等奖。

2. 第五届"中医药社杯"全国高等中医药院校青年教师教学基本功竞赛二等奖。

3. 第三届江西省高校青年教师教学竞赛工科组一等奖。

4. 江西省教学成果一等奖。

5. 江西中医药大学第二届教师教学创新大赛二等奖。

6. 江西中医药大学教学成果二等奖。

7. 主持江西省教育厅人文社科项目：基于"四自一养"和中医思维的医学生人文精神培养研究。

8. 主持江西省教育厅教改课题：课程思政视域下中医专业教师与思政教师协同育人的实践策略研究——以《内经》课程为例。

9. 主持江西省教育厅科学技术研究项目：基于数据挖掘的国医大师伍炳彩教授辨治湿热病学术经验研究。

10. 主持江西省中医药管理局科技计划项目：国医大师伍炳彩教授辨治产后风学术思想与证治规律研究。

11. 参与（排名第三）国家自然科学基金资助项目：基于甲基化/激素信号影响的甘油转运探讨过食肥甘致 2 型糖尿病"湿困脾"的成因。

学生眼中的程昊老师：在最后一节解剖课上，我们为程老师献上了十几朵小花。课程的尾声，程老师温情地寄语："生命中这段小小的旅途，至此告一段落，愿同学们未来的道路一切顺遂。"那一刻，不舍与感动莫名涌上心头。其实，在程老师的每一堂课中，我们都能深切地感受到被爱与关怀，这种感觉久违而又温馨。我非常珍视这种充满温度的师生关系，也十分喜爱这样温暖人心的老师。在此，衷心地说一声谢谢，并祝愿您未来一切顺利。

——20级应用心理班　刘采曦

颁奖词：他以生动的讲解、巧妙的演绎，为原本枯燥的课堂增添了斑斓色彩；在他的课堂上，思维活跃，学生在快乐中茁壮成长。初登讲台，他便立志将爱与希望的种子播撒进每位学生的心田。十九载春秋更迭，他初心不改，依旧用爱耕耘着最美的希望之田。

师　道

——"教学标兵"程昊老师的成长之路

从业近二十年来，我始终铭记韩愈的那句话："师者，所以传道受业解惑也。"何为道？道即学习之道，亦即学习的方法。我所教授的《人体解剖学》课程面向大一新生，他们刚从高中毕业，初入大学，许多事物都发生了变化，与高中截然不同，其中最显著的便是自由度的提升。高中时，学生总是在同一间教室上课，课程寥寥无几，老师们日复一日地重复教学，学生若有疑问，随时可向老师请教。学生们无须操心其他事务，只需专注于学习，真正做到"两耳不闻窗外事，一心只读圣贤书"。然而，大学的生活却大不相同。每门课程都需更换教室，课间十分钟内，学生需匆匆赶往下一间教室。每位老师的教学风格各异，且下课后老师便离开，学生若想请教，只能等到下次上课。在大学，除了学习，学生还需自行处理诸多事务，如每月生活费的合理分配、每日饮食的安排等。学习的自由度也显著增加，大学不再有单元测、月考、摸底考或模拟考，仅有期末考试。课堂上，学生是否听讲、是否学习，老师无暇顾及，甚至可以选择坐在最后一排玩手机。面对这种突如其来的自由，新生极易迷失自我。他们在高中时未曾学会自律，不知如何合理分配时间，如何处理学习与社团的平衡，如何处理同学关系。一旦进入大学，他们便突然面临诸多问题，同时拥有了大量自由，这无疑增加了风险。诚然，自由是美好的，但也充满危险。要妥善处理这些事务，便需要我们老师传授他们道。道不仅仅是学习之道，还包括生活之道、人生之道。我们如同一盏明灯，引领他们冲破最初的迷雾，驶入正确的航道，踏上人生的大道。这便是传道的意义所在。

业是什么？业即学业，授业便是教授专业知识和技能。人体解剖学作为医学的基础课程，既至关重要，又颇具难度。只有学好了这门课，才算真正入门；若学不好，后续将面临诸多困难。我传授给学生的，正是我自身学习这门课程的方法。我带领他们重走我的学习之路，将我当初遇到的问题一一指出，让他们重复我的学习过程，并强调这套方法可举一反三地应用于其他医学课程的学习。换言之，我教授的不仅是解剖学，更是一种通用的学习方法，适用于其他医学课程。学期结束时，学生不仅掌握了解剖学知识，更重要的是掌握了学习方法，我认为这才是真正的授业。

惑是什么？惑即疑惑，既包括学习上的疑惑，也包括人生中的疑惑。学习上的疑惑相对容易解答，通过专业知识结合临床实践，可以很好地解释专业问题。然而，学习方法的疑惑则较难解决。虽然我分享了自己的学习方法，但这并不一定适合所有学生。每个人都应在我的基础上，根据自身特点进行调整，经过反复尝试，最终找到适合自己的学习方法。至于人生的疑惑，则最为复杂，因为它没有标准答案。我给出的解释仅代表现阶段我对人生的理解，必然存在局限性和不准确性。况且，我自己也在不断变化。面对学生提出的人生疑惑，我更多时候不会直接给出答案，而是分享我的选择，并强调这只是其中一种解答。他们需要自己去寻找答案，或许现阶段无法得出，但这并无大碍，时间会让他们逐渐成长。

自 2003 年参加工作至今，已近二十年。我从一个懵懂无知的青年，成长为两个孩子的父亲。这二十年里，我经历了许多，心态也发生了巨大变化，曾有过浮躁、骄傲、低谷，也有过辉煌。但如今，这些外在的东西已被剥离，我变得更加沉稳、内敛。从上学期开始，我重新拾起书本，坚持每天阅读，并将读书视为生命的一部分。去年年底，因运动过度导致膝关节韧带断裂，手术后逐渐恢复。这次受伤让我意识到运动过犹不及的道理，也让我更加珍惜读书的时光。回首往事，我甚至庆幸这次受伤，因为它让我明白了很多，也想清楚了许多事情。我感恩生命中的一切遭遇，感恩所有遇见的人，感恩让我重新爱上读书。读书，真是一件让人心生幸福的事。

程昊简介：自 2003 年毕业于中南大学湘雅医学院临床医学专业后，我一直在江西中医药大学任教，至今已 16 年，主讲《正常人体解剖学》课程。2003 年至 2019 年，我先后承担了学校成教、本部和科院的人体解剖学课程教学任务，从最初一个学期一个班逐步扩展到一个学期五个班。为提升教学质量，我课前反复练习、不断磨炼，课后及时总结、查找不足，并持续改进教学方法。为取得更好的教学效果，我相继引入翻转课堂、PBL 等教学改革，成效显著。自 2015 年起，我为该课程录制了 MOOC，并在非临床医学专业中开展 MOOC 教学。2014 年，我在第四届医学（医药）院校青年教师教学基本功比赛中获一等奖和最受学生欢迎奖，此后多次代表学校赴省内及全国各大高校进行教学交流与经验分享。

程昊代表性成果

1. 2007 年参加江西省解剖学会学术年会，获讲课比赛一等奖。

2. 2010 年参加中医学院青年教师实验教学竞赛，获一等奖，同年参加江西中医药大学青年教师讲课比赛，获一等奖。

3. 2011 年、2013 年和 2015 年连续三次获江西中医学院第三届、第四届和第五届教学标兵称号。

4. 2014 年代表江西中医药大学参加第四届医学（医药）院校青年教师教学基本功比赛，获一等奖和最受学生欢迎奖。

5. 2015 年代表江西中医药大学参加第三届全国中医药大学中医药社杯青年教师教学基本功比赛，获三等奖。

6. 2016 年代表江西中医药大学参加第二届江西省高校青年教师教学竞

赛工科组，获一等奖。

7. 2017 年代表江西中医药大学参加全省高校公共安全教育骨干教师教学能力展示活动，获二等奖。

8. 2019 年获江西中医药大学教学名师称号。

9. 2020 年获江西省首届金牌教师称号。

学生眼中的程虹毓：我眼中的程老师温文尔雅，初次接触就被她独特的气质所吸引。她对待每个学生都很严格，在课堂上，她是一位严谨的老师，对潜力大的学生提出更高要求，对基础薄弱的学生则悉心指导。课后的她更像我们的朋友，会与我们聊日常，在我遇到困惑时，常常给予我处理问题的方法和为人处世的道理。她对学生的生活也关怀备至，或许是我上辈子拯救了地球，这辈子才能遇到您这样的良师益友。正如"授人以鱼不如授人以渔"，您"亦师亦友"的教育理念深深影响了我，给予我启发。在我毕业后从事教育工作的这三年里，我用自己的能力帮助了更多孩子，将这种精神传承下去。

——2015级音乐治疗班　林晓峰

颁奖词：当手指触碰琴键，当乐音从指尖流淌，音乐的种子便播撒进学生的心田。她是音乐的精灵，引领学生走向神圣的音乐殿堂。传道授业，她与学生坦诚相交，以德艺双馨的人格魅力，赢得了学生的赞许与尊重！

知行合一，扎根讲台

——"教学标兵"程虹毓老师的成长之路

教学标兵这一称号，于我曾是那般遥不可及。周遭之人谈及教学标兵比赛，无不以艰难形容，皆认为此非凡人所能企及。彼时我尚年轻，缺乏对自身能力的审视与评估，竟不假思索地视其为遥不可攀且与己无关之事。

欲获得教学标兵比赛资格，首要之务是在两年内达到班级学生对教师教学评价优秀的既定次数。我依稀记得，我很早就已满足参赛条件，但彼时我从未将自己与教学标兵相联系，只是全身心投入日常教学之中。如今想来，这或许不失为一件幸事，正因心中无他念，方能专心致志、脚踏实地于教学事业。人在心无旁骛之时行事，往往更为沉稳。也正是在那段简单而扎实的教学生涯中，我为今后踏上教学标兵之路奠定了坚实的基础。

2014 年，我通过学院教学比赛的遴选，赢得了参加学校青年教师讲课比赛的资格。这是我第一次涉足教学比赛，犹如一张白纸，毫无比赛经验。尽管我做了大量准备，却未能触及要害。经验这东西颇为奇妙，当时听闻有的老师参赛时会一字一句地准备讲稿，精确规划每一刻的讲述内容，我便依样画葫芦，详尽准备了比赛课程的讲稿。这样的准备确保了我不因超时而失分，然而，它也束缚了我的发挥，使得整个讲课过程如同背诵演讲稿般刻板。这种方式或许适合他人，却非我所长。此次比赛，我仅获得了三等奖。但正是这次青年教师讲课比赛，为我日后的教学标兵比赛之路积累了宝贵的初步经验。

转过年，到了 2015 年第五届教学标兵比赛的时节，我再次获得了参赛资格。与以往不同的是，这次在提交遴选材料后，我顺利取得了初赛的入场券。这意味着，在 16 位参赛教师中，只要能跻身前 8，我便能晋级决赛。于是，我踏入了艰苦的备赛阶段，每日苦思冥想 PPT 的制作与教学内容的设计。我的参赛课程是钢琴即兴伴奏，其间遇到的最大难题是：虽有诸多想法，却不知如何呈现。毕竟，比赛不同于日常授课，它要求在 20 分钟内展现授课的精髓，因此，这 20 分钟的每一秒都至关重要，必须力求在最短时间内达到最佳教学效果。然而，我一直难以突破短时间内呈现伴奏效果的教学设计瓶颈。

某日，在与学生排练伴奏曲目时，我分享了自己的想法，学生随即为我播放了一首爵士乐风格的伴奏曲。那一刻，我恍然大悟，这正是我要找的素材。爵士乐的轻快灵动能够极大地活跃现场教学气氛。那一刻，我深刻体会到了教学相长的真谛。

初赛当天，进入候场教室前，我坐在车里不禁放声大哭，沉重的压力让我无法抑制泪水。这种压力难以言喻，但我知道，它并非源自对胜利的渴望。那时，我唯一的念头就是尽快比赛，渴望从讲台上走下来的那一刻，因为只要比赛结束，我就能解脱。哭过之后，我感觉轻松了许多。随后，我素面朝天地走进候场教室，与早已等候在那里的学生们汇合。在候场教室里，我开始化妆，孩子们开玩笑地说："女人就是这样开始变脸的。"轮到我上场时，我和学生们约定好，快到时间时要提醒我，以防超时扣分。为了双重保险，我还与爱人商定，他坐在教室后排，到时间就会挥手示意我。我记得，超时是要扣两分的，在这样的比赛中，别说两分，就是零点几分的差距也可能导致出局。尽管我没有必胜的决心，但还是做了全面的准备。

当我走上讲台的那一刻，我感到前所未有的轻松，甚至达到了忘我的境界。我能清晰地感受到，台下的评委和学生们正随着我的教学节奏逐渐被带入状态。当时，喻松仁老师正坐在我参赛的大教室后排观赛。那时，我尚未结识喻老师，但记忆尤为深刻的是，一位戴眼镜、面带微笑的老师，在我课程进行到一半时，从后排缓缓走到前排。或许是喻老师那慈祥的笑容太过温暖，让我在如此紧张的比赛氛围中仍能铭记。学生们现场的配合极为默契，也许是我的轻松态度也感染了他们，使他们卸下了心理负担。我们的现场交流与对话都是即兴发挥，这与此前的比赛大相径庭。我并未一字一句地遵循比赛讲稿，而是仅准备了框架和知识点，这样的方式赋予了我极大的发挥空间。或许正因如此轻松与自由，我竟全然忘却了时间。当现场工作人员举牌示意我即将超时乃至已经超时，我竟误以为有人在拍照，毫无超时之感。我的爱人在后排不仅举手示意，甚至站起挥手，我都未曾察觉，直至前排的学生几乎要喊出声来，我才恍然醒悟。然而，即便已然超时，我并未匆忙收尾，而是泰然自若地将内容讲完。走下讲台的那一刻，我如释重负，因为我达到了预期的教学效果。从现场评委与观众的眼神和掌声中，我感受到了情感的传递与情绪的共鸣，心中满是喜悦。

赛后，我与爱人一同走出赛场，他一脸遗憾地说："怎么没注意时间呢？现场效果很好，超时被刷下来真是太可惜了。"而我当时仍沉浸在解脱的喜悦之中，全然没有惋惜之意，只觉得终于得以放松。当晚，学校OA上公示了决赛晋级名单，我以第八名，即取得晋级资格的最后一名，成功入围决赛。

接下来，我投入了紧张的备赛之中。白天，我要完成日常教学工作，不能因为备赛而忽略了教学职责。幸运的是，我的父母在身边帮我照顾孩子和家庭。在备赛的那段日子里，除了吃饭、上课和睡觉，我的所有时间都用在了备赛上。31个20分钟的教学比赛内容，从教学设计到内容选择，再到PPT制作，这确实是一项浩大的工程。回忆那段时光，我深刻体会到，一个人的成绩绝非仅凭一己之力所能取得，它需要家人、朋友和学生的支持与帮助。

虽然备赛的日子辛苦，但它使我的教学水平在短时间内得到了显著提升。然而，这种短时间的提升必须建立在坚实的教学基础之上，没有根基，便无法构筑高楼大厦。临近比赛时，学院请来了两位教学专家指导参赛选手。那天，由于长时间缺觉导致的疲乏，我的状态并不佳，专家的评价自然也不甚理想。我诚恳地接受了专家的建议，并继续夜以继日地备战。

转眼间，比赛的日子来临，当我整装待发步入会场时，守候在教室门口、负责维持秩序的两名女学生激动地欢呼起来："老师，我们一直在等您！预赛那天听了您的课，真是太有趣了。等会儿我们还要进去听您的课呢！"说着，她们拉过一旁憨厚的男同学，想必是他们的同学。两名女孩对男同学一番叮嘱后，便兴高采烈地跑进了教室。这一幕，给予了我极大的鼓舞。有时，信心与鼓励正源自他人不经意间的认可。作为教师，最大的荣幸莫过于有人渴望聆听您的课程并满怀期待，这份期待是对我们的巨大肯定。我紧随那两名女学生的脚步进入教室，瞬间感受到一股闷热。无论是盛大的奥运会，还是我们普通人的小型比赛，无论你准备得多么充分，总会有意想不到的状况发生。我记得比赛当天，我前面的讲师讲到一半时突然停电，导致他不得不从头讲起，可刚讲完不久又停电了。轮到我上场时，电仍未通。当时，宽敞的教室内坐满了50位教师和50位学生，还有一些工作人员。因停电，空调也停止了工作，教室里闷热得如同蒸笼。工作人员说："老师，您稍等片刻，电还没来。"我环顾四周，闷热的教室里，听了一下午课的师生们略显烦躁。音乐是神奇的存在，它能令人心情愉悦，也能给浮躁的情绪带来一丝宁静。那天配合我讲课唱歌的学生叫周宸萱，这女孩天生一副好嗓子，歌唱得极为出色。我走上讲台，对台下的师生们说："今天太热了，大家辛苦了，连电力公司都似乎累了，罢工了。我和我的学生为大家带来一首歌曲，让我们在歌声中等待比赛恢复吧。"大家的心情瞬间轻松了许多。当时，周宸萱与我合弹唱了一首《野百合也有春天》，我们师徒二人的完美配合赢得了现场师生的热烈掌声。说来也巧，我们的弹唱刚一结束，电就来了，一切恢复了正常，我的比赛也随之顺利进行。一切进行得颇为顺利，与初赛相同的是，我没有详尽的讲稿，心中只有讲课的要点与框架，内容会根据现场气氛与状态灵活调整。尽管这样做有些冒险，但对我来说却更能发挥自如。当天讲课中，我根据需要临时增加了一小段歌曲伴奏的展示，当时周志铭同学被我即兴叫起，演唱了《鸿雁》的高潮部分。无疑，我的弹奏加上周志铭同学的男高音，这部分展示相当精彩，现场气氛渐入佳境，大家在轻松愉悦中完成了比赛课程。比赛结束后，我并未逗留现场，也不急于知晓结果，对这次竞赛我并无遗憾。离开教学楼时，恰巧遇见了赛前给了我指导的那位老专家，他满面笑容地对我说："表现得不错哟。"我对专家表达了诚挚的谢意，感谢他对我的悉心指导与无私帮助。

归家路上，我收到了一条短信，是钟慧老师发来的。我与钟慧老师同年入职，虽专业不同，却在同一学院共事，情谊深厚。钟慧老师的短信言简意赅："虹毓，进了。"紧接着，祝贺的短信纷至沓来。其中，一条来自陌生号码的短信颇为逗趣："祝贺虹毓，今天我太激动了，你取得了这么好的成绩！"我礼貌回复："谢谢！能告诉我您是哪位吗？"对方回复："余亚微。"原来是我们人文学院的余院长，他从初赛起就一直关注着我。初赛当日，余院长亲临现场，坐在学生中间，学生们告诉我，余院长十分配合，与学生一同拍手打节奏，极为投入。这样的鼓励，对我而言，唯有"暖心"二字足以概括。时至今日，我仍对余院长的鼓励与关注心怀感激。或许是我天生理性的缘故，面对成功，我时刻提醒自己，勿让光环遮蔽双眼，将奖杯和证书悉数收起，教学能力需在此基础上不断提升。成功的喜悦稍纵即逝，对自己应有清醒的认识，我终究还是那个平凡的教书匠，不可被"教学标兵"的光环冲昏头脑。正是基于这次飞跃，次年，我再次参加了第六届教学标兵比赛。许多人认为，连续参赛应较为轻松，只需在第一次的基础上稍作调整。然而，于我而言，我追求完美，将第一次参赛的所有内容全部推翻，重新来过，这亦是进步的一种表现。坦白说，第二次参赛并不比第一次轻松，反而更为艰难。因为标准更高、要求更严，准备的内容自然也更加严苛。所幸，辛苦没有白费，我再次获得第六届教学标兵称号。

虽两次摘得教学标兵桂冠，但回首往昔，总有种不堪回首之感，或许是因为奋斗之路太过艰辛。然而，若非这些历练，又何来今日之我呢？

许多人认为，既然已连续两届摘得教学标兵桂冠，就应再接再厉，或许第三次问鼎便能晋升为教学名师，放弃似乎满是不舍。我也曾自问，心中是否有憾。诚然，有那么一段时光，我沉醉于比赛的激情之中，内心充满了继续角逐的冲动。然而，出于对健康的考量，家人劝阻我参赛，我也开始反思，我所热衷的究竟是赛场还是教学本身。不可否认，我的成长深深得益于两届教学标兵竞赛的历练。在此过程中，我的教学组织能力、应变能力、教学设计能力等均实现了质的飞跃。但在这连串的迅猛成长后，我需要静思，我的根基究竟何在。人在急速前行时，是否应当停下脚步，回首过往，确保自己未曾偏离初心。每个人的道路都是独一无二的，经过冷静的反思，我意识到，我的根在教学讲台而非赛场。如果说首次获奖尚有些许侥幸，那么第二次获奖则无疑是对我实力的认可。再去角逐赛场又是为了何物？名利？能力？名利终归短暂，生活的真谛在于平淡与真实。若能力始终如此爆发式提升，恐将难以为继。毕竟，教学比赛只是短暂的展示，而日常教学则迥异，它如同织女织锦，需一针一线、日积月累方能织就绚丽的画卷。而我数次站上领奖台，除了家人的支持、朋友的鼓励，特别是第二次获奖，我的学生给予了我最大的帮助。因此，我应当回归日常的讲台，认认真真地上好每一堂课。

2018年，在04级音乐治疗班的毕业晚会上，全班合唱《绒花》作为压轴节目，我负责钢琴伴奏。走上台，例行敬礼后，在我即将走向钢琴落座的前一刻，我突然转身，郑重地向全班同学深深鞠躬。与此同时，无须任何示意，全班同学整齐地回以鞠躬，台上台下，不少学生潸然泪下……人们常说，没有好老师，就培养不出好学生，但可曾想过，好老师从何而来？好老师不仅在于授课技巧，有情怀的老师方能讲出有情怀的课程，培养出有情怀的学生。我那一躬，不仅是对 04 级学生的致敬，更是对我教过的每一位学生的感激，是他们成就了我，让我荣获教学标兵的美誉。因此，我感激我的学生们，是他们让我看清了过往与未来的道路。我的路、我的根，都在那三尺讲台上。我热爱我的职业，自幼便怀揣着成为一名教师的梦想。无数次，我幻想过退休时的情景，但有一点我坚信，当我真正退休时，定会依依不舍那方讲台！

程虹毓简介： 女，副教授，硕士生导师，现任江西中医药大学音乐教研室专职教师。同时，她还担任江西省音乐家协会会员、南昌市强制隔离戒毒所心理矫治专家、世界中医药学会联合会音乐疗法专业委员会成员以及江西省钢琴协会会员等职务。近年来，她主持了包括江西省教育科学"十三五"规划重点课题、江西省高校人文社会科学研究项目、江西省社会科学研究"十二五"规划项目、江西省卫生厅中医药科研计划项目、江西省教改课题等在内的各类课题共计 10 项，并以核心成员的身份参与了 10 余项其他课题。在此期间，她共发表论文 30 余篇，其中第一作者论文达 18 篇。此外，她还主编了 2 部论著，参编了 1 部论著及全国中医药行业高等教育"十三五"创新教材 1 部。在教学成果方面，她荣获校级教学成果奖一等奖 1 项，参与校级金课建设 1 项，并连续获得江西中医药大学第五届、第六届教学标兵称号。在竞赛方面，她曾获第二届全省青年教师音乐舞蹈电视大赛钢琴三等奖等多个奖项，指导学生参赛并荣获第六届世界华人艺术节江西赛区钢琴项目青年专业 A 组特金奖，并在 2021 年中国共产党成立 100 周年映山红钢琴比赛中指导学生获得青年组三等奖。

程虹毓代表性成果

获奖

1. 2015 年，江西中医药大学第五届教学标兵。

2. 2017 年，江西中医药大学第六届教学标兵。

3. 2020 年，江西中医药大学第十七批校级教学成果奖一等奖，排名第一。

4. 2018 年，全国第五届大学生艺术展演活动艺术表演类三等奖，指导老师，排名第三。

5. 2022 年，第六届江西省音乐"映山红奖"钢琴比赛三等奖，指导老师，排名第一。

主持课题

1. 江西省教改课题：基于"辩论式"教学法打造对话型课堂的教学实践研究——以《音乐教育与教学法》课程为例，2019.11～2021.11。

2. 江西省教育科学"十二五"规划重点课题：基于"医教结合"理念对孤独症儿童的治疗性音乐教学研究，2016.1～2018.12。

3. 江西省高校人文社会科学研究项目：医教结合背景下融合音乐治疗技术的特殊音乐教育模式研究，2016.12～2018.11。

论文

1. 程虹毓. 金课建设背景下高校音乐教学法课程的教学改革探索与实践. 教育现代化，2020，7（66）：64－67。

2. 程虹毓，曲宁. 音乐治疗在临终关怀中的调查与应用. 中国医院药学杂志，2017（37）：175.

3. Ji-Xiao Zhu, Hai-Yan Yang, Wei-Qiong Hu, Jie Cheng, Yang Liu, Li-Tao Yi[*], Hong-Yu Cheng[*]. Active components from Lagotis brachystachya maintain uric acid homeostasis by inhibiting renal TLR4-NLRP3 signaling in hyperuricemic mice. Inflammopharmacology. 2021：29（4）：1187－1200.

4. Jixiao Zhu, Jialing Shan, Xiang Ouyang, Haiyan Yang, Rongrui Wei, Jinxiang Zeng, Hongyu Cheng[*]. Involvement of Toll-like Receptor 2/Myeloid Differentiation Factor 88/Nuclear Factor kappa B/NLR Family Pyrin Domain-containing 3 Signaling Pathways in the Hepatoprotective Effect of Lagotis brachystachys in Rats with Alcoholic Liver Disease. Pharmacognosy Magazine. 2020：16

（71）：518 – 523.

论著

1. 《中国音乐教育发展演进与教学实践探究》（上海交通大学出版社）。

2. 《钢琴教学理论与实践的多维度透视》（上海交通大学出版社）。

学生眼中的曾秋霞老师：上课之际，曾老师总以诙谐幽默的语言拉近与我们的距离，并常组织课堂小组活动和趣味小游戏，使班级氛围变得活跃。在曾老师的课堂上，我们得以畅所欲言，与同学、老师的讨论中常常能激发思维的火花。下课后，曾老师亦师亦友，只要班上同学有问题，无论是线上还是线下，她总会第一时间伸出援手，给予帮助与支持。

——2021 级中医养生 2 班　徐艺心

颁奖词：她爱岗敬业，诲人不倦；对学生爱护备至，有问必答。她的坚守与奉献，已化作精神的沃土，升华为对事业的执着追求。她以辛勤的汗水和真挚的微笑，为学生撑起一片希望的天空，用实际行动诠释了一位青年教师的高尚情操与人格魅力！

从知之到好之再到乐之，坚持初心，勇往直前

——"教学标兵"曾秋霞老师的成长之路

走进江西中医药大学已十二个春秋，这一路上，我深受领导的悉心指导、同事的鼎力相助以及学生的坚定支持，感激每一位见证我成长的人。孔子有云："知之者不如好之者，好之者不如乐之者。"知之者被动接受，好之者主动追求，甚至为之憔悴；而乐之者，则在追求中达至怡然之境，乐在其中，忘却疲惫。接下来，我将从知之、好之、乐之三个阶段，分享我的教师成长历程。

一、知之：教学之路的初探

（一）专业培训中的蜕变

毕业初至江西中医药大学，心中满是忐忑：我的知识储备能否担此重任？如何与学生和谐共处，迅速融入教师角色？数年间，我始终处于摸索之中，常感知识不足以应对教学与科研需求，亟须再学习以弥补不足。因此，在工作初期，我积极参与多次培训，收获颇丰。其中，进校次年，学校特安排中医专业教授为我们英语教师系统传授中医知识，尤为难忘。彼时，余亚微院长对培训的寄语——"突破自我，追求卓越"——至今仍回响耳畔。

英语教师学中医，基础薄弱，跨专业培训能否奏效？然而，在随后的几年里，每个周五下午，我们雷打不动地学习中医基础理论、中医诊断学、方剂学及针灸等医学课程。寒暑假期间，余院长还组织我们前往上海、北京、深圳参加中医英语翻译研修班，授课者皆为中医界的大咖，如

聂晶教授、程浩民教授等。他们学识渊博、经验丰富，各有专长。课堂上，他们全面细致地解读教材，分析透彻，并分享从医多年的宝贵经验。每日聆听他们的教学心得，感悟其思想方法，于我而言，实乃享受。

历经数年的中医培训，最终以每位英语教师手中闪耀的中医学毕业证书圆满落幕。此次培训，犹如为我打开了一扇新窗，拨云见日，让我豁然开朗，步入了一个全新的世界。正是这次培训，让我明确了目标——成为英语与中医兼备的复合型人才。

（二）优秀的领导和同事是我成长的引路人

教师的成长与学校构建的良好机制息息相关。为促进我们青年教师迅速成长，学院当时特设了教师专业发展部，并确立了"以老带新、以中带青、以师带徒"的青年教师培养模式。以本次教学标兵比赛为例，学院的余静副院长犹如我的导师，给予我细致入微的指导。教学标兵决赛要求准备 35 个教学方案设计、PPT 及课程大纲等繁重任务，一度让我感到恐慌与焦虑，不断陷入自我怀疑之中。在此过程中，余院长持续不断地给予我鼓励与支持，总是温柔地告诉我："相信自己，你一定能够做到的!"比赛筹备的数月中，我几乎每日都会向她请教诸多问题，无论是关于课堂组织的大方向，还是课件设计的细微之处……余院长总是不厌其烦，耐心为我解答。有时我深夜仍在备赛，一旦遇到难题，立即向她求助，她总能迅速且耐心地给予回应。从余院长身上，我深刻感受到她作为资深教授的独特知识底蕴、丰富经验、教学心得乃至深刻教训。她对我的指导，就如同大人搀扶小孩学步，让我走得更好、更稳、更快。

此外，我的成长还得益于学科组内其他优秀同事的帮助与鼓励。学科组长刘江华、谌志远带领我们精心打造线上课程，经过无数次的打磨与提升，最终使大学英语课程荣获江西省线上线下混合式一流课程称号。何艳秋、吴艳霞和彭爱芬教授则耐心指导我撰写课题，任俊伟和涂宇明老师在中医翻译领域为我提供了诸多帮助。教学方面，谢丽萍和王莹老师的敬业与投入令我钦佩不已。生活中，熊燕、戴丽琴和乐丽霞老师的乐观与坚强深深感染着我。能在这样一个充满温情的学科组中，得到众多同事的关怀与帮助，我感到无比幸运。

二、好之：打破我教师成长阶段的瓶颈

（一）教学和科研的良性互动

经历了积累期，我已掌握了基本的教学技能，教学能力也提升至一定水准。然而，随后我陷入了自满，导致教学水平停滞。于是，我决定通过参与学校举办的各类教学大赛来激励自己。自2015年起，我投身于黑板报设计比赛、线上线下混合式教学比赛及教学创新大赛等诸多赛事中，旨在向优秀教师学习，以期提升自己的教学水平。每次参赛，我都精心准备，备课不仅限于教材，更注重学生的需求。因为只有这样，才能实现师生间良好的课堂互动。课程经过反复打磨后，我还会不断试教，在一次次的课堂教学实践中不断反思、总结并改进。正如古语所言："台上三分钟，台下十年功。"20世纪80年代，著名科学家钱伟长教授曾指出："教学若无科研支撑，便是无观点、无灵魂的教育。"他认为，教学与科研相辅相成，即在教学中进行研究，在研究中开展教学。

早在2014年，我便意识到黑板加粉笔的传统教学模式已难以适应时代需求，计算机辅助教学将成为必然趋势，这主要得益于信息时代的到来和科学技术的发展。为顺应这一变革，我围绕信息技术在大学英语教学中的应用这一主题，积极申报各类课题。我的课题研究紧密围绕教学工作展开，以省社科课题"基于MOOC理念的翻转课堂教学法在《大学英语》中的应用研究"为例：2014年，我发现大班教学难以顾及每个学生的个性化学习需求，因此依托学习通平台，采用线上线下翻转课堂的教学模式来满足学生的个性化学习需求。具体流程包括：课前线上，学生完成基础、低阶任务，如观看线上视频、线上自测、反思提问及准备小组任务，老师在线上进行一对一回复；课中线下，以教学活动为载体，进行线上知识的延伸拓展（高阶知识、教学重难点及需要团队协作、交流碰撞的项目），老

师进行一对一指导；课后线上，以学习通为主发布课后辅助练习和拓展性项目，老师进行线上评价反馈。这些课题研究使我对本学科有了更清晰的认识，同时，将翻转课堂、MOOC 应用于教学中，也使我的教学更加与时俱进。

除了与教学相关的课题，我还积极申报中医翻译相关的课题，这得益于我早期系统学习了中医相关知识。例如，我参与了教育厅的课题"中医养生谚语英译信息数据库的建设"及"基于关联理论的中医养生谚语英译规律的研究"。这些课题的研究成果可应用于中医翻译教学中，实现了教学与科研的相互促进。

（二）教学反思是我教师成长阶段的助推器

美国教育心理学家波斯纳指出，未经反思的经验是狭隘且往往仅停留于表面知识层面。据此，他提出了教师成长的公式：成长 = 经验 + 反思。我们需要反思的内容广泛，从整门课程的宏观视角到一堂课的微观细节，涵盖教材解读与设计、教学法选择以及课堂细节处理等各个方面。在审视整门课程时，我时常反思大学英语教学存在的问题，并以此为出发点，积极寻求解决之道。大学英语作为大学生接触外国文化和意识形态的主要渠道，其与"课程思政"的融合建设显得尤为关键。然而，当前课堂思政内容缺乏系统性和深度，尚未构建起一个全面覆盖大学英语课程的思政体系。

针对这一问题，我经过反思认为，大学英语课程思政应凸显校本特色，深入挖掘《大学英语》中蕴含的中医药等优秀传统文化元素，并将其自然融入教学实践。这不仅能增强学生对中医药优秀传统文化的认同感，还能促进文化自觉和自信，助力学生在国际舞台上更好地讲述中医故事，传播中医药文化。

那么，具体应如何实施呢？我将这些反思凝结成一份省教育规划课题的申报书，并成功获得立项及优秀结题称号。在课题研究中，我持续反思，编写了融合中医药优秀传统文化的《大学英语》教学案例，以及大学英语与思政融合的案例库。在日常教学中，我坚持"课前三思与课后三想"的习惯。课前三思，即思考教学目标、学生学习方式及教师教学策略；课后三想，则是对学生学习成效、学习经验及改进方法进行反思。反思的深度直接决定了教学所能达到的高度，正是通过不断的反思，我们才能逐步成长。

例如，在大学英语听力教学中，面对学生不愿开口说英语的情况，我通过反思调整了教学策略。这时，我开始反思：如何才能让学生主动开口说英语呢？首先，应选择学生感兴趣的话题；其次，教师应提供必要的支架——即话题展开所需的句型和词汇等；最后，通过分组交流，教师给予反馈。然而，在这一环节中，教师仍占主导地位，那么，如何真正体现学生的主体地位呢？我决定引入 PBL 教学方法。课前，让学生自由选择形式，如演讲、模仿秀、朗读等，主题自定，并在课堂上进行五分钟的展示。结果，学生们积极响应，展示成果十分出色，其中模仿秀尤为火爆。有一组同学甚至模仿了《西游记》的英文对白，惟妙惟肖。经过一个学期，孩子们已不再害怕开口说英语。因此，教师需要细心体会，对自己的教学活动进行有意识且自觉的检查、审视和评价，及时反思教学进程、教学方法及学生的参与度等方面的问题。反思不应仅停留在意识层面，而应将其结果付诸实践，唯有如此，才能实现反思性教学的根本目标。

三、乐之：醉心于我的教学科研生活

（一）有志同道合的同事是一大幸事

一个人的成长历程中，同伴的参与和合作不可或缺。与同行者的切磋琢磨，以及与志同道合者的深入交流，均能令我们收获颇丰。教师们基于兴趣、志向或课程需求组建合作学习共同体，彼此分享所见所闻、所思所想，为教师们在反思、分析及解决问题时，开辟了新的方法与视角。我们学科组宛如一个温馨的大家庭，通过备课及教研组活动，同事们相互切磋、持续积累，每位成员都能为学科组的发展添砖加瓦，而学科组的进步

亦反过来促进教师的个人成长。

例如，2018 年，信息技术飞速发展，纸质教材的出版周期较长，内容更新难以跟上时代步伐。《大学英语》教材同样面临这一问题，其文章时效性有限，难以做到与时俱进。面对教学内容的这一痛点，组长刘江华教授迅速决策，组织团队着手建设《大学英语》线上课程，旨在重构线上线下相结合的教学内容体系。我们团队参照省级一流课程的建设标准，在刘教授的带领下，多次召开会议，开展头脑风暴，广泛征集意见。经过无数个日夜的努力，包括磨课、录课、教学设计等环节，最终依托学习通平台，成功开发出适用于 Pad、手机、PC 等多终端的《大学英语》线上课程。这是团队智慧的共同结晶，每位成员的教学能力在此过程中均得到了显著提升，教学创新能力也日益增强。

2019 年，团队成员荣获第二届校级青年教师讲课比赛团体三等奖、校级板书比赛一等奖；2020 年，团队又斩获校级教学创新大赛（中级组）二等奖，团队成员还分别获得省高校第十三届外教社杯英语教学大赛英语语言文学专业组二等奖、校第八届教学标兵称号、第二届线上线下混合式教学比赛三等奖等多项荣誉。能在这样一个既优秀又团结的集体中工作，我深感荣幸。我的体会是：优秀教师的成长与团队的发展相辅相成，优秀的集体能够孕育出更多的名师，而名师的引领又能进一步推动集体向更加优秀的方向发展。

（二）成就学生，感恩学校，成就自己

伟大的教育家陶行知先生曾说："爱满天下。"教师的基本使命在于教书育人，而对学生的培养方式虽多，但我认为，其核心无不蕴含着对学生的深切关爱。唯有心中充盈着爱，我们才能以爱心感染学生，让平凡的教学工作焕发出伟大的光辉。爱，正是教育的基石；缺乏爱，教育便无从谈起。作为教师，我们应当关爱每一位学生，让他们在爱的滋养下，学会施爱于周遭之人，乃至大自然的一草一木。

在大学英语教学中，大班授课模式下学生英语水平参差不齐，学习需求各异。内容过于简单，学生会感到乏味；难度过高，则基础薄弱的学生难以跟上。大班教学使得因材施教尤为困难。那么，如何关爱到每位学生呢？首先，针对学生的水平差异，我在课前与课后布置的作业均分为三个层次，让学生根据自身水平选择适宜难度的任务。其次，在提高教学效率的同时，我开设了课外第二英语课堂，特别是针对基础薄弱的学生，推出了新概念英语的线上辅导。几位来自新疆的孩子，几乎零基础，经过一个学期的辅导，最终在期末考试中顺利过关。最后，对于英语水平较好的学生，我鼓励他们积极参与各类英语竞赛，并予以指导。参与多样化的英语竞赛，不仅能满足他们高涨的学习热情，还能让佼佼者脱颖而出，进一步提升英语水平。我积极组织学生参加全国商务竞赛、"国才杯"演讲比赛、阅读大赛、写作比赛、翻译大赛、"词达人"词汇大赛、英文美文朗读大赛以及英文情景剧大赛等，众多学生在这些比赛中取得了优异成绩。

教师的职业，是爱满天下的职业，是用爱去激励、感召、培育爱的职业。这一职业要求我们常怀感恩之心。唯有如此，我们才能引导学生学会感恩，完善他们的人格。我尤其感激我们的学校，是它为我们提供了一片成就自我的天地，没有学校的培养，我们年轻教师既难以顺利成长，更难实现心中的梦想。

四、小结：从知之到好之到乐之——坚持初心、勇往直前

（一）坚定教育信念，放飞教育理想

理想信念，乃是好老师的人格基石。唯有怀抱理想信念的老师，方能在孩子心中播撒梦想的种子。教师，作为人类文明的传承者与学生人生旅途的引路人，其言传身教深刻影响着教育的风貌，进而塑造着学生的未来。梦想需以梦想之火点燃，理想则需以理想之光唤醒。在教育的征途上，我必不忘初心，于持续的学习与磨砺中塑造个人风格，坚守教育信念，既立足现实，又寻求超越，以达成人生之追求。身为青年教师，我矢志不渝地致力于每一堂课的精彩讲授，每一本作业的细致批改，以及对学

生的耐心辅导，矢志在平凡的教育岗位上，将每一件平凡之事做到极致。正如古人云："不积跬步，无以至千里；不积小流，无以成江海。"只要持之以恒地投身于每一件有益之事，无论大小，假以时日，终将有所成就。

（二）善于学习，不断充电

善于学习，不仅意味着从书本中汲取知识、向他人求教，还涵盖了在实践中不断摸索与学习。我观察到，那些杰出的教师总能敏锐地捕捉到书籍、实践及他人身上的宝贵经验，并擅长吸纳这些精华以促进自身成长。因此，我竭力把握每一个学习的机会，认真钻研，同时结合个人实际灵活运用所学。

首先，"三人行，必有我师焉"，我始终保持着向其他教师虚心求教的态度。同一教研组的同事们拥有丰富的教学经验，且乐于伸出援手，在我遭遇难题时为我出谋划策。此外，我积极参与各类学术会议，主动走出去与其他学校的优秀同行交流，以此拓宽视野。

其次，为了提升教学水平，我还致力于向书本学习。我广泛阅读，不仅深入钻研教材的教学理论，还时刻关注科学前沿的最新动态。在资讯发达的今天，我充分利用网络资源，学习各行业的前沿知识，不断充实自己。

（三）勤于反思，持续超越

叶澜教授曾说："一名教师即便写一辈子的教案，也未必能成为名师；但若坚持写三年的反思，则有可能成就名师之路。"她着重指出了反思在教师专业成长循环中的核心地位，认为反思是调控教师专业发展全链条的关键环节。通过反思，教师能够理性地审视、评判并优化自身的教育观念，进而实现有效调整，逐步形成独具个性的教学理念。我始终坚持在课后撰写反思日记，这面"文字之镜"使我得以清晰地映照出自身教学的长处与不足。日记里，我不仅记录下每堂课的得失、学生的提问与独到见解，还囊括了个人的深刻感悟。

教学反思促使我摒弃陈规，以全新的视角审视教学活动，从而不断提升自我的教学水平。参与此次教学标兵评选，我收获满满。衷心感谢学校领导为青年教师搭建了这一宝贵平台，使我们得以展示自我、相互切磋、携手共进。此次比赛不仅是一次难得的锻炼契机，更是激励我们不断前行的强大动力。从资料搜集、教案设计、课件制作，到课堂教学实施、课后深刻反思，整个历程都让我受益匪浅。同时，聆听其他选手的精彩授课，也成了我宝贵的学习机会。

赛后，我进行了更为深入的反思，意识到自己在构建高效课堂方面仍有较大提升空间，这为我今后的教学工作指明了努力的方向，注入了新的动力。因此，在未来的教学生涯中，我将以此次活动为契机，积极向优秀教师取经，借鉴他们先进的教学理念和方法，不断探索新的教学途径、拓展创新思维，矢志不渝地追求教学质量的提升。尽管比赛已落下帷幕，但过程中所积累的宝贵经验将不断鞭策我前行，追求卓越。

曾秋霞简介： 在江西中医药大学，我持续从事大学英语教学工作，至今已满十二年。教学上，我获得了校级教学成果二等奖、校级教学板书设计大赛二等奖、线上线下混合式教学比赛三等奖、校级教学创新大赛二等奖（排名第二），并被授予第八届教学标兵的荣誉称号。此外，我还指导学生参与了大学生英语竞赛、全国商务英语竞赛及创新创业大赛等，均取得了优异成绩。科研方面，我主持并圆满完成了四项省级课题、两项厅级课题及四项校级课题，发表了多篇学术论文，并参与了十余项省厅级课题的研究。同时，我还参与了教材的编写及中医著作的翻译工作。

曾秋霞代表性成果

1. 校级教学成果奖二等奖，2016年。

2. 基于MOOC理念的翻转课堂教学法在《大学英语》的应用研究，优秀科研成果交流评审中获一等奖，江西省外语学会，2017年。

3. 论文《功能翻译理论视角下的中医民间养生谚语英译研究》，优秀科研成果交流评审中获三等奖，江西省外语学会，2017年。

4. 校级黑板报设计大赛二等奖，2019 年。

5. 江西中医药大学第八届教学标兵，2021 年。

6. 校级线上线下混合教学比赛三等奖，2021 年。

7. 校级创新创业大赛二等奖（排第二），2021 年。